JN080915

大学入試
基礎からの
英作文
実践講義

富岡 龍明　著
Tatsuaki Tomioka
●
英文校閲 John Tremarco

KENKYUSHA

はしがき

　本書は 1988 年（昭和 63 年）に出版した『大学入試　英作文実践講義』の後継本として書きました。『大学入試　英作文実践講義』が長年にわたって読者のご愛顧を賜り、その後『改訂版』も出版できて、著者としてたいへんうれしく思っております。

　これまで多くの読者から、『大学入試　英作文実践講義』は難しいので、基本から書かれたものがほしいというお声をいただいてきました。確かに『大学入試　英作文実践講義』は現在の出題傾向から考えるとハイレベル志向の難しい本になっています。そこで、現在の入試レベルを考慮し、また『大学入試　英作文実践講義』への橋渡しとして、本書を執筆いたしました。

「納得のしくみ」を構築

　本書を執筆するにあたり最も心を砕いたのが「納得の構図を作り上げる」という点でした。

　英作文の勉強では「どうしてこの日本文がこの英文になるのかが理解できない」「この英文になることが納得できない」と思うことが多々あります。それが積み重なると、学習者にとって耐えがたいストレスとなり、英作文の勉強を続ける気がしなくなり、やがて挫折するといったことが起こります。

　「医者からタバコをやめるように言われた」の模範例が The doctor told me to give up smoking. と示されると、多くの学習者が「なぜ I was told to give up smoking by the doctor. ではいけないのか」と思います。「日本語の受動態を勝手に能動態に変えていいのか」と疑問がわけば、模範解答として覚えようという気など起こるはずがありません。

　本書が目指したのは、問題文の日本文と模範解答のギャップを、解説でその都度埋めることです。ぜひ読者の皆様方には本書を手に取ってご判断していただきたいと願っています。

自由英作文とリンクする

　近年、入試の英作文問題では、和文英訳よりも自由英作文の比重が大きくなってきています。これには自由に英語を書かせることで、総合的な能力を見ようという大学側の意図があります。

本書では、前半の基本的な和文英訳演習で使った構文を後半の自由英作文演習で応用的に用いることで、和文英訳と自由英作文の有機的な関連づけを図っています。前半の演習は和文英訳の訓練であると同時に、後半の自由英作文演習のための基礎作りの意味もあります。

　和文英訳と自由英作文は別ものではありません。どうせなら同時に訓練したほうが効率的です。

　筆者は長年にわたって学生の書く英語の添削、採点に携わってきました。

　英語ライティング（和文英訳と自由英作文）の実力の決め手は、基本的な構文・文法・語法・語彙の力の有無です。実力のない学習者の書く英語の特徴として、和文英訳では致命的な構文の欠陥が多く、自由英作文では分量が不足気味で内容の完成度も低いのが特徴です。それに対して、実力のある学習者は、和文英訳でも構文・文法・語法・語彙のいずれの面でもしっかりしており、自由英作文でも基本構文の習得ができていて完成度の高い英文が書けます。

　本書は英語ライティングの基本である構文習得を主眼としています。読者の皆さんは PART I、PART II、PART III の英文が、日本文を見たら瞬発的に口をついて出るようになるまで練習してください。この「瞬発英作文力」はスピーキング力と深くかかわっています。英語のスピーキングとは瞬発英作文にほかなりません。

　これからの我が国の英語教育はスピーキングをこれまで以上に重要視していく方向に向かうでしょう。そういう時代の要請にこたえる意味でも瞬発英作文力を向上させる必要があります。本書を適切に活用すればライティングだけでなくスピーキングの基礎力養成にも役立つと筆者は考えています。

　正確さと速さを両立させることはそれほど簡単ではありませんが、練習次第で可能です。ぜひ、本書をその練習のための素材として活用してください。できるだけ多くの読者の方々に本書を有効活用していただき、英語での発信力を向上させていただきたいと願っています。

　最後に、本書の企画の段階から様々なアイデアを出していただき編集・校正全般にわたってご尽力いただいた研究社の佐藤陽二氏にはたいへんお世話になりました。また、鹿児島大学の John Tremarco 氏には英文校閲の労をとっていただきました。ここにあらためて深くお礼を申し上げます。

令和二年十一月吉日　富岡龍明

本書の構成と利用法

　本書は大きく 3 つの PART から成っています。

PART I　基本英作文演習

1. 例題
   基本的な和文英訳演習のための日本文を 100 題提示しています。
2. Questions
   英語の構文認識を高めるためのヒントになる question を 2 題提示しています。解答はページ末にあります。
3. MODEL ANSWER
   模範解答としての英文です。読者の方々はこの MODEL ANSWER を見る前に是非自分なりの答案を書いてください。その上でこの MODEL ANSWER と自分の答案を比較してみてください。
4. 解説文
   なぜ模範解答のような英文になるのかについて文法、語法、文体などの根拠を書いています。是非熟読してください。
5. 演習問題
   総仕上げです。なお、演習問題は PART II にすべてまとめています。

PART II　演習問題集

　　PART I の演習問題 100 題を暗唱用にまとめています。まずは日本文を見て英訳できるかをチェックしてください。英訳できない場合はもう一度 PART I の MODEL ANSWER と解説文を読んでください。また、わからないところは巻末の日本語・英語索引を参考にしてください。

　　左ページに例題の日本文、それに対応する MODEL ANSWER を右ページに挙げているので、次の段階として、日本文を見てどのくらい早く MODEL ANSWER が言えるかを訓練することで、瞬発的な英語表現力が養えます。

PART III　自由英作文演習

1.　まず 設問 を提示しています。
2.　一定方向の内容で書いてもらうために、日本語で 内容例 が挙げてあります。読者の皆さんはこの内容例に沿って自分の答案を書いてください。
3.　MODEL ANSWER を提示しています。
　　自分の書いた答案とこの MODEL ANSWER を比較してください。MODEL ANSWER には PART I の例題で使った英文やそれに類した英文が含まれています。必要に応じて MODEL ANSWER の英文についての解説があるので、参考にしてください。この PART III は PART I の復習にも活用してください。最終的にはこの MODEL ANSWER が暗唱できる程度まで熟読してください。

〈凡例〉
(1)　[　]は前の語句と入れ替え可能であることを示します。
　　 I was impressed by [with] his speech.「私は彼の演説に感銘を受けた」
　　 ※by を with に入れ替えても基本的な意味は変わらない。
(2)　(　)はその語句が省略可能であることを示します。
　　 He kept (on) talking for hours.「彼は数時間話し続けた」
　　 ※on がなくても基本的な意味は変わらない。

和文英訳の採点について

　一般に採点者がどういう点に注目して採点するかについて述べてみます。

(a) 基本動詞の用法を習得しているか
　和文英訳問題は、1〜2行程度の短い日本文を英語に訳すことを求める場合が多いので、採点は細かい文法、語法、構文の出来に注意が払われます。たとえば「〜から5年がたった」の英訳で It *passed* five years since 〜 などのように書くと、動詞 pass の基本用法を理解していないという印象を与えてしまい大幅減点につながるでしょう。また「その事故は3年前に起こった」の英訳で It *happened* the accident three years ago. などのように書くと動詞 happen の使い方がわかっていないという印象を与え、大きく減点されるでしょう。

(b) 構文ミスがないか

　基本動詞だけでなく、基本形容詞の用法も全体の構文にかかわってきます。たとえば、よくあるのは、It is happy that ～ や It is sure that ～ などのように人称主語で使うべき形容詞の主語として It を使ってしまう誤りです。

自由英作文の採点について

　一般に採点者がどういう点に注目して採点するかについて述べてみます。

(a) 一読して全体を抵抗なく通読できるか

　ミクロ的採点になりやすい和文英訳と異なり、60～120 words のある程度の分量の英文になるので、細かい文法、語法よりも文章全体が一読ですぐ頭に入ってくる英文には、採点者は好印象を持ちがちです。

(b) 設問の趣旨にきちんと答えているか

　ある事柄のプラス面とマイナス面を書けと要求されている場合、片方だけだと相当な減点になるでしょう。

(c) 賛否が問われている場合に、結論を先に書いているか

　賛否はまず最初に明示して、その後理由を明確に書きましょう。

(d) 同じ構文を繰り返し使っていないか

　使う構文は平易なものでよいが、受験生は人称主語構文ばかり使う傾向があるので、できれば場合によっては無生物主語構文などを使って構文の多様性を出しましょう。

(e) 必要なら内容にフィクション（創作）があっても可

　「これまで一番うれしかったこと」などの個人的経験を聞かれた場合、事実だけを書く必要はありません。採点官は受験生の身上調査をしているわけではなく英語力を見たいだけです。

本書収録の英文音声について

本書の PART II と PART III の素材英文は音声化されています。音源は研究社ホームページからダウンロードできます。

なお、トラック番号との対応は次のとおりです。

音声ダウンロードの手順

(1) 研究社ホームページ（http://www.kenkyusha.co.jp/）にアクセスして、トップページの左上の列の中から「音声・各種資料ダウンロード」をクリックします。

(2) 「音声・各種資料ダウンロード」に飛ぶので、書名リストから本書名を見つけて、該当する「ダウンロード」アイコンをクリックしてください。音声データのダウンロードが始まります。

(3) ZIP データがダウンロードできたら解凍してください。データ番号と上記の Track 番号が対応します。

目　次

PART I 基本英作文演習

（1）Questions を解いて自分なりの答案を作ってください。

（2）答案と MODEL ANSWER を比較してください。

（3）解説をよく読んでください。

（4）もう一度 MODEL ANSWER をよく見て覚えるようにしてください。

（5）最後に演習問題にトライしてください。

「～までにそれほど時間はかからない」の構文

例題 1　ほとんどの種類のがんが治るようになるのもそう遠くはないだろう。

Questions　(a) (b) のうち、適切なほうを選びなさい。
(1) It won't be long before SV の SV の時制は　(a) 現在形　(b) 未来形。
(2) この構文の before SV は　(a) 名詞節　(b) 副詞節。

MODEL ANSWER

It won't be long before almost all kinds of cancer can be cured.

before 以下は時を表す副詞節。次の例文のイタリック部分のように、時を表す副詞節は、時制が未来でも現在形を用いる。
1. I'll leave for London *before he comes here*.
「彼が来る前に私はロンドンに向けて出発します」

したがって、例題も未来形（will be able to be）でなく現在形（can be）を使う。
文頭の It は、時間、天候などを表し、It's nine o'clock.（いま 9 時だ）や It's windy today.（今日は風が強い）の it と同じ働き。It won't be long before ～ は「before 以下が発生するのにそれほど時間はかからないだろう」という意味になる。
「ほとんどの種類の」を×almost kinds of ～とすると間違い。almost は副詞で名詞を修飾できないので、almost と名詞のあいだに all や every をはさむ。
2. *almost all the students* in my class「私のクラスのほとんどの学生」
3. *almost every country* in Asia「アジアのほとんどの国」

形容詞・副詞・動詞とは直結できる。
4. Lunch is *almost ready*.「昼食はもうほとんど出来上がっている」
5. I *almost forgot* to call him.「彼に電話するのを忘れるところだった」

演習問題 1　自動運転の車が普及するのはそう遠い先のことではないだろう。
（解答は p.104）

Questions 解答　(1) a　(2) b

「～すべき時だ」の構文

例題２　　プラスチックごみの海洋投棄をやめるべき時だ。

Questions　(a) (b) のうち、適切なほうを選びなさい。
(1)「～の時だ」は　(a) It is time　(b) It is the time。
(2) stop の次は　(a) —ing 形　(b) to 不定詞。

MODEL ANSWER

It is time to stop dumping plastic waste [trash] into the sea.

「～の時だ」「～すべき時だ」には It is time to *do* の形が使える。time に冠詞がない点にも注意。定冠詞があると What is the time?（今何時ですか）のように、具体的な「時刻」を表す。

It is time の次は to *do* でつなぐほか、SV の節も可。次の例を参照。

1. It is time *you went to bed*.「もう寝る時間だ」

節に仮定法過去（went）が使われると「すでに寝ていなければいけないのに（＝就寝すべき時が過去になったのに）まだ起きているのか」といった非難の気持ちが含意される。

It is time to stop dumping . . . の代わりに It is time we stopped dumping . . . と仮定法過去を使うと「もうやめていなければいけないのに、まだやめていない」といった非難の気持ちが込められる。表現としては正しい。MODEL ANSWER のように to 不定詞を使うと、「～する時だ」「～すべき時だ」とニュートラルに言っていることになる。

「投棄する」は dump を使うとごみなどを放り捨てるという語感が出るが、throw も可。

動詞 stop の次に to 不定詞を置く誤りがよく見られるが、to 不定詞を置くと「立ち止まって～する」という別の意味になる。

演習問題２　　海洋汚染をこれ以上悪化させないようにすべき時だ。（解答は p.104）

Questions　解答　(1) a　(2) a

—3—

例題3　私が英会話の習得のため語学学校に通い始めて半年が
　　　　たった。

Questions　(a) (b) のうち、適切なほうを選びなさい。
　　(1) It has passed six months は　(a) 可　(b) 不可。
　　(2)「～して半年たった」で since は　(a) 使うべき　(b) 使わない。

MODEL ANSWER

**Six months have passed since I started to go to a language school
to learn spoken English.**

「時が経過する」という意味で pass を使う場合に、以下の誤りが散見される。
1.「6 か月が過ぎた」→ ×It passed six months.

It is nine o'clock. の構文は pass では使えないので、it ではなく**具体的な時間**（例:
six months, five years）のほうを主語にする。
　2.　Six months have passed.「6 か月が過ぎた」

Six months は複数なので述語動詞は has ではなく have になる。
「～し始めてから」は、時の起点を示す接続詞 since を使って since SV（過去形）
の形にする。
「英会話」を English conversation と書く学習者が多いが、堅い表現で日常的には
使われない。spoken English のほうがずっと自然。
「習得する」は通例 learn で表現することにも注意。「マスターする」と考えて master
を使うと「完全習得する」といった強い意味になり、一般的ではない。
なお、動詞に pass を使わないで以下のように書くことも可能。
　3.　I've been learning spoken English at a language school for six months.

このほうが pass を使うよりくだけた印象になる。

演習問題3　ジョン（John）が日本で英語を教えるようになって 5 年がたった。
（解答は p.104）

Questions 解答　(1) b　(2) a

例題 4　　私の祖父は昨年 80 日間かけて船旅で世界一周旅行をした。

Questions　(a) (b) のうち、適切なほうを選びなさい。
(1) 「80 日間かけて」は　(a) in 80 days　(b) for 80 days。
(2) 「船旅で」は　(a) by a ship　(b) by ship。

MODEL ANSWER

Last year my grandfather travelled around the world by ship in 80 days.

　前置詞 in のあとに「時間」が来ると「ある動作や作業や仕事などに要する時間の量」を表す。たとえば「3 日間で」「2 時間後に」は in three days, in two hours となる。それに対して for は、「ある状況や状態が持続する時間の幅」を表す。「3 日間」「2 時間」は for three days, for two hours となる。次の例を参照。

　1. I finished the job *in ten days*. 「私はその仕事を 10 日で終えた」
　2. I waited for the bus *for ten minutes*. 「私はそのバスを 10 分待った」

　「80 日間かけて」は世界一周旅行という作業に要した時間の量を表しているので前置詞は in が正しい。

　ついでに言うと、前置詞の in と within の用法の違いをよく理解していない学習者が多い。in 80 days は「80 日かけて」「80 日後に」だが、within 80 days は「80 日以内に」になる。次の例を参照。

　3. Answer this question *in five seconds*.
　　「この質問に 5 秒後に答えてください」
　4. Answer this question *within five seconds*.
　　「この質問に 5 秒以内で答えてください」

　きっちり「5 秒後」になる in と異なり、within は 1 秒でも 4 秒でも、とにかく 5 秒以内であればよい。

　交通手段を表す場合、by のあとは無冠詞の名詞が来る。

　5. by train [taxi, plane, ship] 「電車で [タクシーで、飛行機で、船で]」

演習問題 4　そんな要求のきつい仕事を 3 日で終えるなんて私にはまったくできない。　　　　　　　　　　　　　　　（解答は p.104）

Questions 解答　(1) a　(2) b

例題5 私が鹿児島で暮らすようになってちょうど1か月後に大きな地震がありました。

Questions (a) (b) のうち、適切なほうを選びなさい。
(1)「～して1か月後」は (a) after one month ～ (b) one month after ～。
(2)「地震があった」に存在構文 there＋V は (a) 使える (b) 使えない。

MODEL ANSWER

There was a severe [strong] earthquake in Kagoshima just one month after I began to live there.

「私が列車に乗ったあと5分後に」は five minutes after I got on the train となる。×after five minutes のように、時間表現の前に after を書くのは誤り。例題では×after one month I began to live . . .のような誤りが散見される。after であれ before であれ「～して～時間後」「～する～時間前」は時間表現を after, before の前に置くのを忘れないようにしよう。

「A の～あとに B が起こる」を英訳する順番は、①出来事 B、②「5分」や「3か月」などの時間表現、③after、④出来事 A、となる。たとえば「私が乗った列車は乗って5分後に脱線してしまった」は ①My train got derailed ②*five minutes* ③*after* ④*I got on it.* となる。次の例を参照。

1.「私が家を出て数分後に雨が降り始めた」
   →It began to rain *a few minutes after I left home*.
2.「私が大学を卒業する3か月前に父が亡くなった」
   →My father died *three months before I graduated from college*.

「地震が発生した」は there is 構文を使うと、動詞を考えなくていいので書きやすく、表現として自然なのでおすすめ（これは「存在構文」ではなく、本来なら物事の発生を表す「発生構文」と呼ぶべきだろう）。

そのほかに、An earthquake hit Kagoshima や An earthquake occurred in Kagoshima などの SVO 文型を使うのも可。

演習問題5 私は日本に来て3年後に日本人女性と結婚しました。（解答は p.104）

Questions 解答 (1) b (2) a

例題6 先月久しぶりに故郷を訪れた。町はすっかり変わってい
た。

Questions (a)(b)のうち、適切なほうを選びなさい。
(1)「久しぶり」は for the first time in ～が (a) 使える (b) 使えない。
(2) 後半の文の時制は (a) 過去 (b) 過去完了。

MODEL ANSWER

**Last month I visited my hometown for the first time in years. It
had changed a lot [completely / greatly].**

「久しぶり」は時間の幅が漠然としていることを書き表す必要がある。よく使われ
るのは for the first time in years [ages] などで、「あること A があってその後何年か
の時間がたってまた A が繰り返される」という構造的意味。「数か月ぶり」なら years
を months にする。誇張して「ずいぶん長いこと」という含みを表すなら centuries
を使うとよい。次の例を参照。
1.「数か月ぶりにジョンに会った」
→I met John for the first time in months.
2.「ずいぶん久しぶりに高級レストランで食事をした」
→I dined at a high-class restaurant for the first time in centuries.

例題では「最後に故郷の町を訪れたのが数年前で、数年の時を経て再度、故郷を
訪れた」という意味で for the first time in＋時間という形が使われている。after many
years や after a long time も可。
後半の文の時制は過去完了になる。「久しぶりに故郷を訪れた時点までに、それ以
前に町の変化が起こっているわけなので、前半の過去時制よりも1つ前に変化して
いたことを表す（過去の過去＝大過去＝過去完了形を使う）。×It changed a lot と
いう単純過去は誤り。

演習問題6 先日久しぶりにおじに会った。少しも変わった様子はなかった。
（解答は p.104）

Questions **解答** (1) a (2) b

時を表す副詞節の時制

例題 7　　私が 60 になったころ両親はまだ健在だろうか。

Questions　(a) (b) のうち、適切なほうを選びなさい。
　　(1)「60 になる」は　(a) 現在形　(b) 未来形。
　　(2)「60 になる」の「なる」は become が　(a) 使える　(b) 使えない。

MODEL ANSWER

Will my parents be still alive when I am 60?

「私が 60 になったころ」は時を表す副詞節で、意味は未来を表すが、文法的には現在形を使う必要がある。副詞節との違いを示すために名詞節の例を挙げてみる。なお、名詞節は文の主語や動詞の目的語など名詞と同じ働きをする節のこと。

1. *When the robbers will attack our village* is not known.（文の主語）
   「強盗一味がいつこの村を襲ってくるかはわからない」
2. We don't know *when the robbers will attack our village*.（動詞の目的語）
   「強盗一味がいつこの村を襲ってくるか我々はわからない」

次は when SV が副詞節となる例。

3. *When the robbers attack our village,* we must take up arms to fight them.
   「強盗一味がこの村を襲ってきたら、我々は武器をとって奴らと戦わなければならない」

副詞用法の when SV の働きは、文の主語や動詞の目的語と違って、we must 以下の主節に副えられたもの。その場合未来の意味であっても現在形を用いる。
「60 (歳) になる」に become を用いる誤りが非常に多い。

4. 「私は来年 60 歳になります」
   → ×I'll become 60 next year. / ○ I'll be 60 next year.

「健在」に live を使うと「生きている」というより「生活をしている」の意味合いが強まるのでふさわしくない。形容詞の alive は生理的・物理的に生きている (死んではいない) という意味がはっきり出るので、この場合ふさわしい。

演習問題 7　　70 歳になったとき、私はまだ働いているだろうか。（解答は p.104）

Questions 解答　(1) a　(2) b

—8—

接続詞 every time

例題 8　ジョンソン（Johnson）博士とお話しするたびに博士の日本文化に対する専門的知識に感銘を受ける。

Questions　(a) (b) のうち、適切なほうを選びなさい。
(1) every time の次に節を置くことは　(a) 可　(b) 不可。
(2)「知識」は　(a) knowledge　(b) knowledges。

MODEL ANSWER

Every time I talk to Dr. Johnson, I'm impressed with [by] his expert knowledge of Japanese culture.

every time はあとに SV の節構造を従えて、「〜するたびごとに」という意味の接続詞になる。また、each time も同様に使える。次の例を参照。

1. Each time I go to the shop, I buy some milk.
「その店に行くたびごとに私は牛乳を買う」

every と each の違いは、each が一回一回の行為に重点があり、every はすべての回をまとめて見ている点にある。ただ、含みが違うだけで、全体をさしている点はほぼ同じ。every や each よりもあらたまった表現として whenever がある。次の例を参照。

2. Whenever we discussed the pension system in Japan, we got depressed.
「日本の年金制度について議論するたびごとに、我々は暗い気持ちになった」

be impressed with [by] 〜 は「〜に対して敬意や称賛の気持ちを抱く」という意味で使われる。

「知識」は単数形の knowledge が正しく、複数形の knowledges は普通使われない。「専門的知識」は expert knowledge や specialist knowledge とする。

演習問題 8　私はロンドンに行くたびに必ず大英博物館を訪れる。（解答は p.104）

Questions 解答　(1) a　(2) a

—9—

時の起点を伴う現在完了

例題 9 　日本は古来自然災害の多い国である。

Questions 　(a) (b) のうち、適切なほうを選びなさい。
(1)「自然災害が多い」は X is (are) many で 　(a) 可 　(b) 不可。
(2)「自然災害が多い」は X is (are) frequent で 　(a) 可 　(b) 不可。

MODEL ANSWER

In Japan natural disasters have been frequent since ancient [early] times.

「自然災害が多い」を X is (are) many の構文で表現するのは誤り。X is (are) frequent なら適切。形容詞 frequent は、「～が頻発する、頻度が高い」の意味で使われる。次の例を参照。

1. Earthquakes are frequent in Japan.「日本は地震国である」
2. Floods are frequent in Japan.「日本は水害が多い」
3. Forest fires are frequent in Australia.「オーストラリアでは森林火災が多い」

例題では、現在に至る起点として ancient [early] times という過去が since で導かれる構造なので、時制は現在完了になる。

また、多くの学習者が日本語の構文に合わせて Japan is the country where [in which] ... のように書くが、冗長で無駄が多く、適切とは言えない。

さらに、「先行詞には定冠詞の the がつく」と思い込んでいる学習者が多いが、関係詞節が先行詞を限定することと、先行詞に定冠詞がつくかどうかは無関係。例題を Japan is で始めるとすれば、以下のようになる。

4. Japan is a country where natural disasters have been frequent since ancient [early] times.

a country になるのは、自然災害が多い国は日本以外にもあるから。the country とすると日本だけが自然災害が多い国という含みになるので不適切。

演習問題 9 　日本は 1945 年の太平洋戦争終了後現在まで平和国家であり続けている。　　　　　　　　　　　　　　　　　　　　　　　　　（解答は p.104）

Questions 解答 　(1) b 　(2) a

例題 10 なぜ権利は人間にだけ与えられているものなのか、めったに議論されてこなかった。（青山学院大）

Questions (a)(b)のうち、適切なほうを選びなさい。
(1)「議論されてこなかった」の部分で議論する主体である「誰が」を表現する必要は (a)ある (b)ない。
(2)「議論されてこなかった」の時制は (a)過去完了 (b)現在完了。

MODEL ANSWER

There has been little discussion about why rights are given only to humans [human beings].

ここでの時制は、過去から現在までの幅のある時間を漠然と表しているので現在完了が適切。現在完了は I have been ill *since last week.*（私は先週から病気だ）や John has been in Japan *for three years.*（ジョンは3年前から日本にいます）のように時の起点や幅を表す表現とともに使われることも多いが、そうでない場合に注意。

また、一般的に There 構文の be 動詞には has been, have been, had been などの完了時制が用いられる頻度がかなり高い。次の例を参照。

1. *There has been* much discussion about whether time and space are infinite or not.
「時間と空間は無限なのかどうかについてこれまで多くの議論がなされてきた」
2. In Japan, *there has been* little discussion about how we accept immigrants.
「移民をどう受け入れるかについて日本ではほとんど議論されてこなかった」

There 構文は「誰が」を表す必要がない点が受動態と似ている。

さらに、前置詞 about の目的語が wh- SV である点にも注意。この why 節は名詞節。about などの前置詞の直後に wh- や how を使った名詞節を使えるようになることは、英作文上達のためにも重要だ。

演習問題 10 神が存在するかどうかについてこれまで多くの議論がなされてきた。
（解答は p.104）

Questions 解答 (1) b (2) b

例題 11　私がイギリスの生活様式に慣れるのには2、3年かかった。

Questions　(a) (b) のうち、適切なほうを選びなさい。
(1) It takes＋人＋時間は構文として　(a) 正しい　(b) 正しくない。
(2)「2、3の」を a few と訳すのは　(a) 正しい　(b) 正しくない。

MODEL ANSWER

It took me two or three years to get used to the British way of life.

It を主語にして、take が「時間・労力がかかる」という意味になる構文では、次の2つの型を覚えておくこと。
1. It takes A (人など) B (時間) to do C (事柄)
2. It takes B (時間) for A (人など) to do C (事柄)

次の例文はどちらも「私がその交響曲を作曲するのには2年を要した」という意味になる。
3. It took me two years to compose the symphony.
4. It took two years for me to compose the symphony.

例題ではどちらの構文も使える。なお、「誰にとって」時間がかかるのかを言わないときは、A (人など) の部分を省略できる。
5. It takes a long time to develop a new anticancer drug.
「新しい抗がん剤を開発するには長い年月が必要となる」

「2、3年」を a few years と書く学習者が多いが、a few は不定の少数を意味し、「2、3の」という意味に限定されない。たとえば、次の例文の a few は明らかに「2、3の」ではない。
6. A few people in this country are suffering from a new type of influenza.
「この国では少数ではあるが新型のインフルエンザにかかっている人々がいる」

演習問題 11　我々がこのスーパーコンピュータを開発するのに10年を要した。
（解答は p.104）

Questions 解答　(1) a　(2) b

to 不定詞の形容詞的用法

例題12 この町には介護が必要な高齢者が何百といます。

Questions (a) (b) のうち、適切なほうを選びなさい。
(1) 「介護の必要な高齢者」を elderly people to take care of で表すのは (a) 可 (b) 不可。
(2) 「何百もの」は (a) hundred of (b) hundreds of のうち ( ) が正しい。

MODEL ANSWER

There are hundreds of elderly people to take care of in this town.

名詞句を修飾する形容詞的な to 不定詞の用法がポイント。以下に例を挙げる。1. は中学レベルでやさしいが、2. は難度が上がって間違いがぐんと増える。
1. I want something to drink. 「飲み物が欲しい」
2. I have nobody to talk *to* [*with*]. 「私には話し相手が誰もいない」

文末が前置詞で終わる形を理解するには、2. の talk to [with] の目的語が nobody である点に着目する。to や with がなかったら talk nobody となって文法的に間違い。以下も同様。
3. I want someone to dance with. 「一緒に踊ってくれる相手が欲しい」
4. I want something to write on. 「書きこめるものが欲しい」
5. I want something to write with. 「筆記具が欲しい」

例題では take care of と people は動詞と目的語の関係になる。
例題は「この町の住人である我々」という意味で we を主語にするのも可。
6. We have hundreds of elderly people to take care of in this town.

「高齢者」は old people や aged people でなく、「お年寄り」といった丁寧な響きのある elderly people がよい。
不特定多数を表す場合、hundred や thousand にそれぞれ s をつけて hundreds of 〜 や thousands of 〜 を用いる。「数百万ドル」なら、millions of dollars となる。

演習問題12 私には介護が必要な祖母がいます。 （解答は p.104）

Questions 解答 (1) a (2) b

— 13 —

例題 13　私の弟は俳優になりたがっていて、いつも私にどうしたらなれるかと聞いてくる。

Questions　(a) (b) のうち、適切なほうを選びなさい。
(1) 疑問詞 what や when の次に to 不定詞を置くことは　(a) 可　(b) 不可。
(2)「いつも～する」は進行形で表すことが　(a) できる　(b) できない。

MODEL ANSWER

My brother wants to be an actor, and he is always asking me how to become one.

　疑問詞 what, how, when, where, whether などのあとに to 不定詞を置く形 (why はこの形にできない)。what to do や how to do は使えても、when [where, whether] to do が使えない学習者が多いので、例文を丸ごと覚えておこう。

1. Could you tell me when to start?
　「いつ始めるべきか教えていただきたい」
2. I have no idea where to go.
　「どこへ行けばいいのかわかりません」
3. I'm wondering whether to scold my son or not.
　「息子を叱ったものかどうか迷っている」

　このような to 不定詞構文は、疑問詞のあとに主語を置いたり、主語に続く動詞の時制を考えたりせずに済むという利点がある。
　副詞 always を進行形とともに使うと、話者の怒りやいらだちを暗に含む表現になる点に注意。

4. He is always complaining about his colleagues.
　「彼はいつも自分の同僚についての不満をもらしている」

　例題では代名詞 one が使えたかどうかもポイント。日本語で同じ名詞を繰り返すことに抵抗が少ないが、英語では代名詞を使うのが基本。

演習問題 13　父は私に対していつもあれをせよこれをせよと指図ばかりする。
（解答は p.104）

Questions 解答　(1) a　(2) a

例題 14 このロボットは人間と同じように話せるだけの知性が
あります。

Questions (a) (b) のうち、適切なほうを選びなさい。
(1) enough＋to 不定詞は (a) 可 (b) 不可。
(2) この場合の「話せる」で say, tell を使うことは (a) 可 (b) 不可。

MODEL ANSWER

This robot is intelligent enough to speak [talk] like a human.

enough には I don't have *enough money* to buy a house.（私は戸建ての家を買うだ
けの金はない）のような形容詞より、形容詞、副詞、動詞のあとに置かれる副詞と
して使われることが圧倒的に多い。次の例を参照。

1. I was *lucky enough* to find a thousand-yen note on the road yesterday.
「私は昨日運がよく道で千円札を拾った」

2. His three-year-old son is *clever* [*intelligent*] *enough* to count up to one hundred.
「彼の 3 歳の息子は賢くて、100 まで数えることができる」

3. Alex was *kind enough* to help me when I was in trouble.
「アレックスは私が困っているときに親切にも助けてくれた」

なお、enough の次には前置詞 for が来ることが多い。次の例を参照。

4. This house is large enough *for* a family of four.
「この家は 4 人家族には十分な広さがあります」

5. Your English is good enough *for* this job.
「あなたの英語はこの仕事に十分なレベルにある」

例題の「話せる」は話すという行為自体に比重があるので speak か talk を使う。
say や tell は話す行為よりも話す内容に重点が置かれる。次の例文の動詞で say や
tell を使うのは誤り。

6. My dog speaks [talks].「うちの犬はしゃべる」

演習問題 14 ジョン (John) はもう十分親の忠告の大切さがわかるはずの年齢だ。
（解答は p.106）

Questions 解答 (1) a (2) b

「あまりに～すぎて...できない」の構文

例題 15　当時の私はとても幼かったのでその SF 映画の筋はよくわからなかった。

Questions　(a)(b) のうち、適切なほうを選びなさい。
(1)「あまりに～すぎて...できない」は too ～ to ... の構文で　(a) 書ける　(b) 書けない。
(2)「幼い」は young で　(a) 表せる　(b) 表せない。

MODEL ANSWER

In those days, I was too young [small] to understand the plot of the science fiction film [movie].

too ～ to ... は「あまりに～すぎて...できない」という意味。次の例を参照。
1. I'm too tired to do anything. 「疲れすぎて何にもできない」
2. I was too confused to see things properly.
　「頭が混乱しすぎて物事を適正に見られなかった」

どちらも so ～ that SV で書き換えられる。
1′ I'm so tired that I can't do anything.
2′ I was so confused that I couldn't see things properly.

　young children は「若い子供」ではなく、幼児段階の「幼い子供」という意味。young（幼い）は small と置き換え可。日本語の「若い」より意味範囲が広い点に注意。
　なお、SF は和製英語で、science fiction が普通。

演習問題 15　私たちは興奮しすぎてじっと座っていられなかった。(学習院大)
(解答は p.106)

Questions　解答　(1) a　(2) a

— 16 —

否定の目的「〜しないように」

例題 16 | その医者は患者が不安がらないようにとても慎重に彼女の病状について説明した。

Questions | (a) (b) のうち、適切なほうを選びなさい。
(1) 「不安がらないように」は not to do の構文で　(a) 表せる　(b) 表せない。
(2) 「不安がる」は feel uneasy で　(a) 表せる　(b) 表せない。

MODEL ANSWER

The doctor very carefully explained to the patient about her illness so as not to make her feel uneasy.

so as [in order] not to do を使うべきときに、not to do だけで済ませる誤りが多く見られる。Be careful not *to catch cold*. (かぜをひかないように気をつけて) や Tell him not *to come here*. (彼にここに来ないように言ってください) のように not to do を目的で使える場合もあるが、目的を表す「〜しないように」は so as not to do や in order not to do など不定詞の慣用表現を使っておくのが安全だろう。

1. 「私は会議に遅れないように急いだ」
   →×I hurried *not to be* late for the meeting.
   →○I hurried *so as not to be* late for the meeting.

so as not to do を使った例文を挙げる。

2. We walked on tiptoes so as not to wake the baby up.
   「私たちは赤ちゃんの目を覚まさせないように爪先立って歩いた」
3. We whispered so as not to disturb anyone.
   「誰の邪魔にもならないように私たちはささやき声で話した」

「不安がる」は feel uneasy で表せる。ただし、ここは使役動詞 make を使って make ~ feel uneasy (不安がらせる) にしないと文脈に合わない。

演習問題 16 | 運転中突然眠くなった。眠り込まないようにコーヒーを飲んだ。
(解答は p.106)

Questions | 解答 | (1) b　(2) a

to 不定詞を伴う動詞 find

例題 17　シングルマザーの多くは仕事と子育てを両立するのは難しいと感じている。

Questions　(a) (b) のうち、適切なほうを選びなさい。

(1) 全体を find it 〜 to *do* 〜 の構文で書くことは　(a) 可　(b) 不可。

(2)「両立」に英語表現を当てることは　(a) 必要　(b) 必要ない。

MODEL ANSWER

Many single mothers find it difficult to do their jobs and raise [bring up] their children at the same time.

　動詞 find は「〜を見つける [発見する]」のほかに重要な意味として、think や feel とほぼ同じ意味の「思う、感じる」などの印象・感想・思いなどを表す用法がある。中でも find it 〜 to *do* ... の仮目的語 it の構文は使用頻度が非常に高い。

1.「私は明晰で自然な英語を書くのはたいへん難しいと思った」

　　→I found it very difficult to write clear and natural English.

2.「私はこのコンビニを毎日 24 時間営業するのは非常に厳しいと感じている」

　　→I find it very hard to keep this convenience store open for 24 hours every day.

　学習者は I thought that it was very difficult ... と書くことが多い。間違いではないが、体験から得た印象や判断を述べる場合は find を使うのが基本なので、必ず使えるようになること。この構文でよく使われる形容詞には、difficult, hard, easy, useful, interesting, impossible などがある。

　「両立する」にあたる英語表現を思いつくのは難しいので、発想を転換して、自分が書ける範囲の英語にならないか考えよう。この場合は「仕事と子育てを同時にする」と考えれば、適切な英語が思い浮かぶはず。

演習問題 17　私は外国に行って視野を広げることはたいへん興味深いことがわかった。

Questions 解答　(1) a　(2) b

例題 18　そのデータがいくつかの重要な事柄を示していないことを知って驚いた。

Questions　(a) (b) のうち、適切なほうを選びなさい。
(1)「知って驚く」の「知って」は know が　(a) 適切　(b) 不適切。
(2)「知って驚く」の「知って」で see を使うのは　(a) 適切　(b) 不適切。

MODEL ANSWER

I was surprised to find [see / learn] that the data did not show some important matters.

「... を知って驚く」は be surprised to find ... で、驚きの原因を表す to 不定詞を用いる。この場合 to know ... は不自然。動詞 know は「知っている」という状態を表す状態動詞であり、「知る」という動作は原則として表せない。

1.　Do you know how the accident happened?
　　「その事故が起こったときの様子を知っていますか」

be surprised to *do* の現実の英語における使用例を見ると、不定詞に find と see と hear が使われることがかなり多い。「〜を（情報として）得る」の意味であることが共通している。

see を「（物を）見る」「（人などに）会う」の意味で理解していても、that SV が続くと「〜をわかる」「〜を知る」という意味になることを知らない学習者が多い。なお、see + wh- 節については例題 67 を参照。

learn は「（言語や技術を）習得する」の意味は知っていても、that SV が続くと「（情報などを）得る」という意味になることを知らない学習者が多い。これを機に理解しておきたい。

なお、「示す」にあたる動詞は show が一般的。reveal も可。

演習問題 18　CO_2 は地球温暖化の原因ではないと主張する人が少なくないと知って驚いた。　　　　　　　　　　　　　　　　　　　　（解答は p.106）

Questions 解答　(1) b　(2) a

例題 19 日本は豊かな社会と言われているが、実際には経済的な問題を抱えている家庭が多い。

Questions (a) (b) のうち、適切なほうを選びなさい。

(1) 「～と言われている (世間の評価)」は be told to *do* で　(a) 表せる　(b) 表せない。

(2) 「～と言われている (世間の評価)」は be said to *do* で　(a) 表せる　(b) 表せない。

MODEL ANSWER

Japan is said to be an affluent society, but in fact many Japanese families have financial problems [difficulties].

「～と言われている」 (＝世間の評価) には X is said to *do*、あるいは It is said that X *do* の形を使うのが一般的。It is said that ... だと堅めの表現になる。be told to *do* は、I was told to stop smoking. (たばこをやめるように言われた) のように、指示や命令の含みがある。

It is said that SV の形は使えるのに、X is said to *do* の形が使えない学習者が多い。苦手な人は、まず例文を丸ごと覚えること。

1. Jane is said to be very thrifty. 「ジェーンはかなり倹約家だと言われている」

1. は People [They] say that Jane is very thrifty. も可。いずれにしても、どのパターンでも正確に書けるようになっておくのが望ましい。

「豊かな社会」は「豊か」が「金や物が豊富」という意味なら affluent society や wealthy [rich] country が適切。

In fact は前言に対して、「いや実態は違う」といった意外性をあらかじめ伝える用法。

2. Henry is said to be caring, but in fact he is very cruel.
　　「ヘンリーは思いやりがあると言われているが、本当はとても冷酷だ」

演習問題 19 私は努力家だと言われているが、実際には家で何時間も何もせずに過ごすのが好きだ。　　　　　　　　　　　　　(解答は p.106)

Questions 解答　(1) b　(2) a

例題 20 かおりは無愛想だと思われているが、実際には愛想がよくて人付き合いがいい。

Questions (a) (b) のうち、適切なほうを選びなさい。
(1)「～と思われている」は be thought to *do* で (a) 表せる (b) 表せない。
(2)「無愛想」は unfriendly で (a) 可 (b) 不可。

MODEL ANSWER

Kaori is thought to be unfriendly, but in fact she is friendly and sociable.

「～と思われている」は具体的な主語を置いて X is thought to *do* の形を使う。仮主語 It を用いて It is thought that SV も可能だが、論文調になる。

例題 19 の say でも見たように「世間一般から ... と思われている」という意味で People [They] think that SV も使える。

日本語が受け身だからと、英語も受け身にする必要はない。その回避方法として People / They say や People / They think を覚えておくと有効。次の例を参照。

1. People think that Judy is cold-hearted. 「ジュディは心が冷たいと思われている」

これは Judy is thought to be cold-hearted. と書いても同じ。英語では具体的な主語を設定することが好まれるので、S is thought to V や People [They] think that SV で書くようにしたい。

「愛想がいい」は friendly や sociable がよく使われるので、「無愛想」は unfriendly や unsociable が適切。

in fact は前言に対して「いや、実態は違う」といった意外性を前置きするのによく使われる（例題 19 を参照）。

2. He is thought to be conservative, but *in fact* he is very radical.
「彼は保守的だと考えられているが、実はかなり急進的だ」

演習問題 20 今年 85 になる吉田氏はさみしがり屋の老人だと思われているが、実際にはたくさんの人たちと交わり、楽しい時間を過ごしている。
（解答は p.106）

Questions 解答 (1) a (2) a

例題 21　私は小学生には英語学習の楽しさを教える必要がある
と思います。

Questions　(a) (b) のうち、適切なほうを選びなさい。
(1) It is necessary の次は　(a) to 不定詞　(b) that SV　が一般的。
(2) 「楽しさ」は名詞で表す必要が　(a) ある　(b) ない。

MODEL ANSWER

**I think it is necessary to teach schoolchildren how enjoyable it is
to learn English [the joy of learning English].**

形容詞 necessary はその直後に to 不定詞をとる頻度が高い。It is necessary that
SV は文法的には正しいが一般的な用法とは言えない。It is necessary はその直後に
前置詞 for ＋意味上の主語＋to 不定詞を続ける用法も多い。

1. I think it is necessary *for you to work harder* if you want to pass the exam.
「その試験に合格したければ君はもっと努力することが必要だと思う」

動詞 think はその後に SV の節構造を従えることが可能で、その際 think の次に来
る接続詞の that は省略することができる。

2. People think (that) John is cold-hearted.「ジョンは心が冷たいと思われている」

「英語の楽しさ」は「さ」で終わる形容詞や形容動詞から派生した名詞（「難しさ」
「美しさ」「辛辣さ」など）の処理の仕方として、how ＋形容詞 [副詞] ＋ SV を覚えよ
う（例題 93 を参照）。もちろん、そのまま名詞にすることもできるようになってお
くこと。

3. 「彼女の声には辛辣さがあった」→There was bitterness in her voice.
4. 「彼女の美しさに私たちは息を飲んだ」→Her beauty took our breath away.

演習問題 21　私は日本の学生はもっと政治に関心を持つ必要があると思います。
（解答は p.106）

Questions 解答　(1) a　(2) b

目的を表す to 不定詞の用法

例題 22 健康維持のために、大学生は毎朝朝食を食べる時間を
十分にとるべきだ。(青山学院大・改)

Questions (a) (b) のうち、適切なほうを選びなさい。
(1) 目的を表す to 不定詞を文頭に置くのは (a) 可 (b) 不可。
(2) in order to *do* は目的を強調 (a) する (b) しない。

MODEL ANSWER

**To [In order to] stay healthy, college students should have enough
time for breakfast every morning.**

目的を表す to *do* や in order to *do* は文頭や文末以外にも、主語のあとに挿入する
ことも可能。

1. College students, to [in order to] stay healthy, should have enough time for
   breakfast every morning.
   「大学生は健康を保つために毎朝朝食を食べる時間を十分にとるべきだ」

in order to *do* は目的を強調する働きがある。この例題の場合、to *do*、in order to
do のどちらでも可。

「健康を維持する」は stay [keep] healthy で表す。「朝食を食べる時間を十分とる
べきだ」は ... should have enough time *to eat breakfast* とすることもできる。ただ
し、英語の前置詞 for は動詞的意味を持つことがある点に注意。学生の多くはこの
for の用法をよく習得しているとは言えない。簡略さを好む英語的観点からは習得し
ておくことが重要。次の例を参照。

2. I didn't have time *for* [=to eat] lunch yesterday.
   「昨日は昼食を食べる時間がなかった」
3. He went to London *for* [=to find] a job.
   「彼は職探しのためロンドンに行った」
4. I went to the company *for* [=to have] an interview.
   「私は面接を受けにその会社に行った」

演習問題 22 私の叔父は今年 80 歳になります。10 年前に奥さんを亡くし、それ
以来ずっと一人暮らしです。先日様子を見に叔父の家に行ってきま
した。 (解答は p.106)

Questions 解答 (1) a (2) a

接続詞 if の用法

例題 23　もし何の遠慮もなく自分の言いたいことを言い、したいことをすれば何のストレスもたまらないだろう。

Questions　(a) (b) のうち、適切なほうを選びなさい。
(1) 主語が一般的な人の場合、you は　(a) 適切　(b) 不適切。
(2) 例題は if SV は現在時制、主節は will を使うことは　(a) 可　(b) 不可。

MODEL ANSWER

If you don't hesitate to say things you'd like to say, and do things you'd like to do, you'll be under no stress.

　if SV を現在時制、主節は will を使って書く。「何の遠慮もなしに言う」は don't hesitate to say ～ や frankly say ～ で表せる。

　be under great stress (ものすごくストレスがたまる) は、イメージとしてはストレスが肩や頭上に重くのしかかっているイメージ。

　2 つの things you'd like to ... は things のあとに which [that] が省略されている。そのほか、関係詞 what を使って say what you'd like to say, and do what you'd like to do としてもよい。

　例題のように主語が明示されない一般論では、主語を you にするのが基本。one も可だが、改まった感じになる。we を主語にする学習者が多いが、ある特定の集団は we が一般的。次の例を参照。

1. *We* had a heavy rain in Kumamoto last night. 「昨日熊本では大雨が降った」
2. Sorry, *we* don't have Nissan cars. Why don't you try another car dealer? 「申し訳ございませんが、当店では日産車は扱いはございません。他店を当っていただけますでしょうか」

　1. は「熊本に住む人々」、2. は「自動車販売会社 (の従業員)」という特定集団を指す。

演習問題 23　自分がやりたくないことをやり続けていたら大いにストレスがたまるだろう。　　　　　　　　　　　　　　　　　　　　　(解答は p.106)

Questions 解答　(1) a　(2) a

「とても〜なので . . .」の英訳

例題 24　第二次大戦直後多くの日本人は大変貧しく、食料を手に入れるのに大変な苦労をした。

Questions　(a) (b) のうち、適切なほうを選びなさい。

(1)「とても〜なので〜」は so 〜 that SV の構文で　(a) 表せる　(b) 表せない。

(2)「〜で苦労する」は have difficulties 〜 の構文で　(a) 可　(b) 不可。

MODEL ANSWER

Right after World War II many Japanese were so poor that they had great difficulty getting food.

「非常に〜なので . . . だ」には so 〜 that SV を使う。so ＋ 形容詞・副詞 (原因) → that SV (結果) の流れを押さえる。

1. The dictator is so brutal that everyone is afraid of him.
   「その独裁者はあまりにも残虐なので、すべての人々から恐れられている」
2. Hybrid cars are so fuel-efficient that many people want them.
   「ハイブリッドカーは非常に燃費がいいので、多くの人が欲しがる」

have difficulty (苦労する) が、複数形 difficulties でない点に注意。この difficulty は不可算名詞。difficulty の代わりに trouble を使う場合も複数形にしないこと。

3. I had no difficulty [trouble] finding your house.
   「あなたのお宅はすぐに見つかりました」
4. I had great difficulty [trouble] operating this new machine.
   「この新しい機械を操作するのはたいへん苦労した」

複数形 difficulties は「経済的困難」を表すことが多い。

5. Many families in this village have financial difficulties.
   「この村の多くの家庭は経済的な困難を抱えている」

演習問題 24　哲也は人柄がいいのでその土地の人たちと仲良くなるのに何の苦労もないだろう。
　　　　　　　　　　　　　　　　　　　　　　　　　　　　　　　（解答は p.106）

Questions 解答　(1) a　(2) b

動詞 wonder の用法

例題 25　宇宙のどこかで生命体が発見される日が果たしてくるのだろうか。

Questions　(a) (b) のうち、適切なほうを選びなさい。

(1) I wonder if [whether] SV は話者が SV の内容を疑う気持ちが含まれて (a) いる　(b) いない。

(2) The day will come when SV の SV の時制は　(a) 現在形　(b) 未来形。

MODEL ANSWER

I wonder if the day will come when life will be found somewhere in outer space [in the universe].

　動詞 wonder は if SV と共起することが非常に多い。if 節には話者が疑問を感じているような内容が来る。次の例を参照。

1. I wonder if the prime minister told us the truth.
「首相は私たちに本当のことを言ったのだろうか」

　if の代わりに whether も使えるが、頻度がかなり低い。
　参考までに、丁寧な依頼表現には wonder if SV と仮定法の助動詞 could を組み合わせて用いるとよい。「(やっていただけるとは思いませんが) もしやっていただけるなら」という含みが出るので、かなり丁寧に響く。

2. I wonder if you could give me some advice.
「ご助言をいただけないでしょうか」

　なお、The day will come when SV の V が未来形になるのは、when SV が副詞節ではなく、the day という名詞にかかる形容詞節だから。「時を表す場合、未来の意味でも現在形で表す」という規則は副詞節でのみ適用される。

演習問題 25　私が再び彼らと会う日が果たしてくるのだろうか。(解答は p.106)

Questions　解答　(1) a　(2) b

例題 26 もう私は大学生になったので、受験勉強からやっと解放された。

Questions (a)(b) のうち、適切なほうを選びなさい。

(1) now that は接続詞としてあとに SV を従えることが （a）できる （b）できない。

(2) now that の that は省略することが （a）できる （b）できない。

MODEL ANSWER

Now（that）I'm a college student, I'm at last free from studying for entrance exams.

now を接続詞として（時に that を伴って）使う場合、「今や〜なので」という意味になり、because に近い働きになる。

1. Now（that）you are here with us, you are a member of our family.
   「私たちと一緒なのだから、あなたはもう家族の一員です」

「もう大学生になったので」では、×Now（that）I become a college student と become を使う誤りが最も多い。become を使うと、「予定として大学生になることが決まっている」といった意味になる。「なる」の英訳には要注意。

be free from 〜 は「嫌なこと・望ましくないことがない［から自由である］」を表す。

2. She is now free from her stressful work.
   「彼女は今はストレスの多い仕事から解放されている」

副詞句の at last は「望ましいことがやっと実現する」という意味合いで使われる。

3. We reached the top of the mountain at last.
   「私たちはついに山頂に到達した」

演習問題 26 あなたももう 18 になったから、選挙権があるよ。（解答は p.106）

Questions 解答 (1) a　(2) a

例題 27　私は今の自分に満足していません。自分のいやなところは自分に自信が持てないところです。

Questions　(a) (b) のうち、適切なほうを選びなさい。
(1)「今の自分」は the way SV の形が　(a) 使える　(b) 使えない。
(2)「自信がある」は形容詞 confident が　(a) 使える　(b) 使えない。

MODEL ANSWER

I'm not happy the way I am. What I dislike about myself is that I am not confident in myself.

接続詞として使う the way の用法は必ず覚えよう。the way SV は「S のあり方[やり方 / 状況]」の意味になる。

1. I like *the way you smile*.「私はあなたのほほ笑みが好きだ」
2. I don't like *the way he talks*.「私は彼の話し方が気に入らない」
3. Many companies should improve *the way they treat their employees*.
「従業員の待遇のあり方を改善しなければならない会社が多い」
4. Most of the students are complaining about *the way our school is*.
「学生のほとんどが学校の現状に不満がある」

MODEL ANSWER の happy the way I am は前置詞 with が省略されているが、with を使わないほうが自然になる。アメリカ映画『追憶』（1973 年）の原題が *The Way We Were* で、直訳すると「以前の 2 人の在り方」「昔の私たち」などになる。

be confident in ~（~に自信がある）の confident は「信頼している」という意味。confident in oneself で「自分を信頼している」なので、ここでは not confident in myself を使う。

演習問題 27　昔の自分は気に入っていました。10 年前はもっと自分に自信がありました。
（解答は p.106）

Questions 解答　(1) a　(2) a

例題 28 私の祖母は数か月前に会ったときよりも体調は良いように見える。

Questions (a) (b) のうち、適切なほうを選びなさい。
(1) than の次に when SV を直結 (a) できる (b) できない。
(2)「体調は良い」の英訳には比較級を (a) 使う (b) 使わない。

MODEL ANSWER

My grandmother looks better than when I saw her a few months ago.

than when SV (SV のときよりも) では than の前で比較級を使うことに注意。

1. で poorer を使うと「もともと貧乏だったのがよけい貧乏になった」という意味になる。昔は金持ち国家 (wealthy country) だったのに、今はそれほどでもないという意味なら、less wealthy がより適切。3. は主節が過去形なので、それ以前を表す従属節は過去完了になる。

1. Today, Japan is less wealthy than when I first came to this country twenty years ago.
「現在、日本は、私が 20 年前に初めて来たときに比べて貧乏になっている」

2. I feel happier here in this pub with you than when I'm at home.
「家にいるより、あなたと一緒にこのパブにいるほうが楽しい」

3. He was much worse than when I had seen him ten days before.
「彼の容態は 10 日前に会ったときよりもずっと悪化していた」

be well [fine] (体調が良い) の well を better にすると、「体調が上向きになってきている」「回復に向かっている」が表せる。

4. I feel better today.「今日は体調が上向いていると感じる」

演習問題 28 君は数年前に初めて会ったときよりも幸せそうに見える。

(解答は p.106)

Questions 解答 (1) a (2) a

接続詞 as if の用法

例題 29 子供たちはあたかも何事もなかったかのように遊び続けた。(学習院大)

Questions (a) (b) のうち、適切なほうを選びなさい。
(1) 「あたかも〜のように」は (a) even if (b) as if を使う。
(2) 「何事もなかったかのように」は (a) 過去完了 (b) 過去 で表す。

MODEL ANSWER

The children kept (on) playing as if nothing had happened.

ポイントは as if 以下の時制を仮定法過去完了にすること。動詞が過去形か過去完了形かは次の要領で決定する。

(1) SV₁ as if SV₂ で SV₁ と SV₂ に同時性がある場合、V₂ は過去形。
  1. He talks as if *he were* [*was*] a movie star.
     「彼はまるで映画スターのような話し方をする」

「彼が話している＝映画スターのように」なので、前半と後半に同時性がある。

(2) SV₁ as if SV₂ で SV₂ が時間的に前 (SV₁＝SV₂ の結果) の場合、V₂ は過去完了形。
  2. You look as if *you had seen* a phantom.
     「あなたはまるで幽霊でも見てきたかのような顔つきだ」

「今の顔つき＝幽霊を見た結果」なので、as if には過去完了形を使う。
　例題は「子供たちは遊び続けた＝何事もなかった結果」だから、「何事もなかった」のほうが時間的に古く、as if は過去完了形になる。

演習問題 29 健太はまるで見てきたかのようにその交通事故について話した。
(解答は p.108)

Questions 解答 (1) b (2) a

例題 30 君は両親に生活費を頼っている限り、本当の一人前の大人とは言えませんよ。

Questions (a) (b) のうち、適切なほうを選びなさい。

(1)「～でいる限りは」は as long as SV で　(a) 表せる　(b) 表せない。

(2)「A (事柄) を B (人など) に頼る」は depend on A for B で　(a) 表せる　(b) 表せない。

MODEL ANSWER

As long as you depend on your parents for a living, you can't say that you are really a grown-up [an adult].

as long as SV (. . . の間は、. . . の限り) は、時間的制約の範囲を表す。

1. As long as you stay away from liquor, you'll never be an alcoholic again.
   「酒に手を出さない限り、あなたが再びアルコール依存症になることは決してないでしょう」

2. You can stay here as long as you behave yourself.
   「行儀よくできるんだったらここにいてもいいよ」

「A (事柄) を B (人など) に頼る」は depend on B for A で表す。なお、for a living の a living は「生活費、生計」のこと。

3. What do you do for a living?「お仕事は何ですか」

4. This is what I do for a living.「これが私の仕事です」

3. も 4. も進行形でない点に注意。4. は、被害者の遺族に無遠慮にマイクを向ける記者が「よくもそんなことができるな」と非難されて言い返すのに使いそうな表現。grown-up (大人) は adult のややくだけた表現。

演習問題 30 私は体が健康な限り、こういう風に一生懸命働き続けるつもりです。
(解答は p.108)

Questions 解答 (1) a　(2) b

| 例題 31 | 世間では小田氏は無能なジャーナリストと言っているが、私の知る限り、彼ほど有能なジャーナリストは非常に少ない。 |

Questions (a) (b) のうち、適切なほうを選びなさい。
 (1)「私の知る限り」は as far as SV で　(a) 表せる　(b) 表せない。
 (2)「～は非常に少ない」を very few ～ で始めることが　(a) できる　(b) できない。

MODEL ANSWER

People say that Mr. Oda is an incompetent journalist, but as far as I know, very few journalists are as competent as he.

as far as は距離や範囲に言及するのに使われることが多い。次の例は比喩的な意味での範囲を表している。

1. As far as I know, the president is not a racist.
  「私の知る限り、大統領は人種差別主義者ではない」
2. As far as I can remember, there was nothing eccentric about the leader.
  「私の記憶するところでは、その指導者には風変わりなところはなかった」

1. の as far as I know は「客観的にはともかく、私の個人的な見解・知識では」という責任回避の意味合いで使われる。2. も同様で、「ほかの人との記憶は違うかもしれないが、私の個人的な記憶では」ということ。

物理的な範囲を表す表現としては、as far as the eye can see（見渡す限り）が代表例。

「～は非常に少ない」は very few ～ で表すことが可能。また、as ～ as の同等比較の構文も使える（例題 50 を参照）。「有能な」は competent のほかに capable や able も可。

演習問題 31　丘の上から下を眺め下した。見渡す限り、トウモロコシ畑だった。
（解答は p.108）

Questions 解答　(1) a　(2) a

例題 32　私が学校に着くころにはブラウン（Brown）先生の英語の授業は終わっているだろう。

Questions　(a) (b) のうち、適切なほうを選びなさい。
(1)「〜するころには」は by the time SV で　(a) 表せる　(b) 表せない。
(2) by the time SV は when SV とほぼ同じと考えることが　(a) できる　(b) できない。

MODEL ANSWER

By the time I get to the school, Mr. Brown's English class will be over.

接続詞の when と by the time の違いを理解している学習者はそれほど多くない。次の例を参照。

1. By the time you come home next month, I'll be much better.
「あなたが来月帰宅するころには、私の体調はかなり良くなっているでしょう」
2. When you come home next month, I'll be much better.
「あなたが来月帰宅されたとき、私の体調はかなり良いでしょう」

1. の by the time SV は「...するまでには」で、たとえば期限が 10 日であれば、9 日や 8 日やそれ以前に、という意味合い。before に近い働きがある。

2. の when は時の定点を表し、たとえば帰宅するのが 10 日であれば、10 日あたりにといった意味になる。使えないことはないが、現実的には不自然。

例題の「終わっているだろう」は未来完了の will have finished と書く学習者が多いだろうが、実際の使用例は少ない。ここでは be over を使って単純未来で「終わった状態になっている」とするほうが自然。

「終わる」の end や finish と be over については時制の違いに注意。

3. The festival *is over* [*has ended* / *has finished*].
「もうお祭りは終わりました」

演習問題 32　あなたがここにいらっしゃるころには会議は終わっているでしょう。
（解答は p.108）

Questions 解答　(1) a　(2) b

「～の点で」の英訳

例題 33 小説はその作家が生きた時代を映し出すという点で興味深い。(札幌大)

Questions (a)(b)のうち、適切なほうを選びなさい。
(1)「～の点で」は in that SV で (a) 表せる (b) 表せない。
(2)「映し出す」は動詞もしくは名詞としての mirror で表すことが (a) できる (b) できない。

MODEL ANSWER

Novels are interesting in that they are a mirror [reflection] of the times in which the authors lived.

in that SV は「...という点で」「...するので」を表す。because に似ているが、因果関係を明確に表す because とは異なり、主節 (Novels are interesting) の主張を裏づける論拠を示す程度。次の例を参照。

1. John was taken ill *because* he worked too hard.
   「ジョンは働きすぎて病気になった」
2. Brian's educational background is remarkable *in that* he graduated from two prestigious universities, that is, Oxford and Cambridge.
   「ブライアンの学歴は2つの有名大学、すなわちオックスフォードとケンブリッジを卒業しているという点で際立っている」

1. は「働きすぎた」(原因) →「病気になった」(結果) の関係を示すつなぎとして because が使われている。それに対して 2. は、主節の「ブライアンの学歴が際立っている」の論拠を in that SV で示している。

「映し出す」は reflect か mirror が使える。名詞として使うなら mirror はそのまま、reflect は reflection となる。

「時代」は times や age など。

演習問題 33 杉田氏は海外暮らしが長かったという点で私たちとは違う。

(解答は p.108)

Questions 解答 (1) a (2) a

例題34 もし人々が憎しみあうことをやめ、お互い尊敬しあう
ようになれば戦争は過去のものになるでしょう。

Questions (a) (b) のうち、適切なほうを選びなさい。
(1) 例題を仮定法過去で表すことは (a) 可 (b) 不可。
(2) 例題を仮定法を使わない形で表すことは (a) 可 (b) 不可。

MODEL ANSWER

**If people stopped hating each other, and learned to respect each
other, war would be a thing of the past.**

一般論の仮定の表し方には、主に2つのタイプがある。
(1) 現在に反する仮定。現実に反するので仮定法過去を使う必要がある。
(2) 現在または未来についての仮定。話者の判断で、実現可能性がある場合は条件
法、実現性が非常に低いと考えた場合は仮定法過去を使う。1. は (1) のパターン。
「彼がこの場にいない」という現在の現実を前提に仮定法過去を使う。条件法を使っ
て ×If he is here, I will . . . とはできない。

1. If he *were* [*was*] here, I *would* ask him for help.
「彼がこの場にいたら、援助を頼むのだが」

2. は (2) の条件法の例。実現の可能性があるので仮定法ではない。

2. What *will* you do if you *catch* the infectious disease?
「もしその伝染病にかかったらどうしますか」

What *would* you do if you *caught* the infectious disease? と仮定法過去だと、可能
性がゼロに近いと考えていることになる。過去形が「過去のこと」＝「現在からの遠
さ」を表すことから、仮定法を使うと「現在の可能性から遠いこと」を表している
と考えよう。

学習者には条件法と仮定法の使い分けが苦手な人が多いので、実例で確かめるよ
うにしたい。MODEL ANSWER は実現可能性がゼロに近いと考えて仮定法を使っ
ているが、可能性があると考えるなら、条件法でもよい。

演習問題34 もし父が生きていたら私にもっと前向きにものごとを考えろと言う
だろう。 (解答は p.108)

Questions 解答 (1) a (2) a

例題 35　その患者がドクターヘリで病院に搬送されていたら、命は助かっていただろう。

Questions (a) (b) のうち、適切なほうを選びなさい。

(1) 仮定法過去完了を使う動機となるのは　(a) 現在の事実　(b) 過去の事実。

(2) Had I been ... の倒置構文は If I had been ... の構文よりも　(a) 口語的　(b) 文語的。

MODEL ANSWER

If the patient had been taken [carried] to the hospital by helicopter, his life would have been saved.

仮定法過去完了は過去の事実に反する仮定。条件法の使い分けが微妙なことがある仮定法過去とは異なり、仮定法過去完了は基準が明確。構文の形は次のようになる。

If SV, S＋would/could/might/should＋完了形（V＝had＋過去分詞）

1. If the ambulance had come twenty minutes earlier, my grandfather wouldn't have died.「救急車が 20 分早く来ていたら、祖父は死なずに済んだだろう」

2. If he hadn't taken that plane, he wouldn't have been involved in the hijack.「その飛行機に乗っていなかったら、彼はハイジャックに巻き込まれなかっただろう」

1. は救急車の到着が遅れたという過去の事実、2. は飛行機に乗っていたという過去の事実を前提に「それとは違ったことが実現したら」と、仮定法過去完了を使っている。

「ドクターヘリ」は helicopter だけのほうが自然。

文頭で if を使わず had を文頭に置いた倒置構文は文語的で、一般的にはあまり使われない。

演習問題 35　あと 20 秒早く列車がスピードを落とし始めていたら、あの悲惨な事故は起こらなかっただろう。　　　　　　　　　　　　　（解答は p.108）

Questions 解答 (1) b　(2) b

例題 36 　車の運転中に携帯電話を使うのは大変危険だ。

Questions 　(a) (b) のうち、適切なほうを選びなさい。
(1) この文の主語に動詞の ing 形を置くことは　(a) 適切　(b) 不適切。
(2) 接続詞 while を使う場合、主語と be 動詞を省略することは　(a) 可
(b) 不可。

MODEL ANSWER

Using a mobile phone [a cell] while driving is very dangerous.

英語は日本語より具体的な主語が好まれる傾向がある。「～することは / ～したことは～である」に対して、一ing 形の動名詞を主語にするのは自然な形である。学習者は一ing より to 不定詞を主語にしたがる傾向があるが、to 不定詞の主語は堅いので一般的ではない。ただし、仮主語 it を立てるという書き方は条件付きで自然になる。

1. It is very dangerous to use a mobile phone while driving.

仮主語 it は (for ～) to 以下の真主語が長い場合に良く用いられる。

2. It is shocking *to learn that the rumor has spread throughout the country in a very short time.*「あっという間にそのうわさが国全体に広がったことを知ってショックを受けた」

次のように書くと、top-heavy（頭でっかち）構文となってやや不自然。

3. *Learning that the rumor has spread throughout the country in a very short time is shocking.*

「運転中に」に接続詞 while を使う場合、while you are driving ではなく、主語と be 動詞を省略したほうが自然になる。

演習問題 36 　歩きスマホは大変危険だ。　　　　　　　　　　　（解答は p.108）

Questions 解答 　(1) a　(2) a

例題 37　昨日私は全人類を殺すかもしれない伝染病のことを考えながら一日中家にいた。

Questions　(a) (b) のうち、適切なほうを選びなさい。
(1)「考えながら」を with thinking で表すのは　(a) 適切　(b) 不適切。
(2)「全人類」は all mankind で　(a) 可　(b) 不可。

MODEL ANSWER

Yesterday, I was at home all day long, thinking about infectious [contagious] diseases that might kill all humans.

　2つの事柄が同時に進行していることを表す分詞構文は、話し言葉よりも書き言葉で多用される。その場合、think や know が付帯状況の分詞構文で用いられることが多い。

1. Yesterday, I sat on a bench in the park nearby for hours, *thinking* about my own future.「昨日私は、自分自身の将来について考えながら、何時間も近くの公園のベンチに座っていた」

2. We all live, *knowing* nothing about what will happen tomorrow.「私たちは誰もが明日何が起こるかわからないまま生きている」

　分詞構文では 1. ×with thinking、2. ×with knowing のように、—ing の前に with をつける誤りが多い。with を使うのは主節の主語と従属節の主語が異なる場合。

3. I walked down the street, with a stranger following me.「通りを歩いていたら、見知らぬ人物が私のあとをつけてきた」

　この場合、主節の主語が I で、分詞構文の主語が stranger である点に注意。意味上の主語は with と—ing 形のあいだに置かれる。

　なお、例題の「全人類」は all humans とする。mankind はもともと「人類全体」のことで、all はよけい。また、性差別の意識からも避けられることが多い。

演習問題 37　私はホワイト（White）氏の不誠実な意図を知りながら、彼の申し出を受け入れた。　　　　　　　　　（解答は p.108）

Questions **解答**　(1) b　(2) b

「～から判断すると」の英訳

例題 38 昨日の息子が私に話した内容から判断すると、イギリスの大学への留学を考えているようだ。

Questions (a) (b) のうち、適切なほうを選びなさい。
(1) 「～から判断すると」を Judging from [by] で表すのは (a) 適切 (b) 不適切。
(2) この場合の「～を考える」は think about で (a) 可 (b) 不可。

MODEL ANSWER

Judging from what my son told me yesterday, he seems to be thinking of studying at a British university.

judging from は慣用的な分詞構文で、主語がはっきりとはわからない。通常の分詞構文ならば、分詞の主語と主節の主語が一致する。「判断する」のは he ではなく漠然と一般の人たちだと考えられる。Judging from は Judging by も可。くだけた言い方なら from だけでも良い。次の例を参照。

1. Judging from [by] what the foreign minister says, the relationship between Japan and its neighboring nations is not necessarily improving. 「外務大臣の発言から察すると、日本と近隣諸国との関係は必ずしも改善してはいない」

2. From what he says, his company seems to be doing a roaring business. 「彼の話からすると、彼の会社は商売繁盛らしい」

「～を考えている」には be thinking of ～ を使う。まだ決定しておらず思案中である含みになる。

「留学」というと必ず abroad を使う学習者が多い。study abroad は行き先を明示せず、「海外で勉強する」というときの言い方。行き先がはっきりしているときは abroad を使わない。次の例を参照。

3. I want to study quantum mechanics at an American university. 「アメリカの大学に留学して量子力学を勉強したい」

演習問題 38 テッド (Ted) の話しぶりから判断するとかなり教養があるように思える。
(解答は p.108)

Questions 解答 (1) a (2) b

関係詞 what の用法

例題 39 ロバート（Robert）は 10 年前のロバートとは違う。以前は大富豪だったが今では文無しだ。

Questions (a) (b) のうち、適切なほうを選びなさい。
(1)「10 年前の Robert」に関係詞 what を使うのは (a) 適切 (b) 不適切。
(2)「～とは違う」は different from ～ で (a) 可 (b) 不可。

MODEL ANSWER

Robert is different from what he was 10 years ago. He used to be a millionaire, but now he is broke.

what は先行詞を含む関係代名詞で、he was に続く補語になって全体が名詞節になっている。what は「こと（＝状況、状態）」の意味。なお、関係代名詞 what には、主語や目的語になる用法もある。

1. の what は文の主語、2. の what は動詞 done や did の目的語。意味はどちらも「こと」を表す。

1. *What* is important is that we have nuclear weapons.
「大事なことはわが国には核兵器があるということだ」

2. *What* they have recently done is not very different from *what* they did thirty years ago. They seem to be particularly fond of violating human rights.
「彼ら（＝当局）が今回やったことは、彼らが 30 年前にやったこととそれほど変わらない。彼らは人権蹂躙がことのほか好みのようだ」

「大富豪」は very rich や very wealthy を使うと書きやすい。「文無し」は penniless も可。broke や penniless が浮かばなければ、he has no money としても問題はない。補語としての what の用法の例をもう一つ挙げる。

3. The world today, in this year 2020, is a different place from what it was 200 years ago. 「今年 2020 年の世界は 200 年前の世界とは違った世界である」

演習問題 39 今のこの町は 20 年前とは全く違っている。 （解答は p.108）

Questions 解答 (1) a (2) a

関係詞 who の用法

例題 40 私の叔父は 10 年イギリスにいましたから、イギリス人のものの考え方や感じ方をよく知っています。

Questions (a) (b) のうち、適切なほうを選びなさい。
(1) この例題は because や since を使わずに　(a) 書ける　(b) 書けない。
(2) 「ものの考え方や感じ方」は接続詞 the way を使って　(a) 書ける　(b) 書けない。

MODEL ANSWER

My uncle, who lived in Britain for ten years, is familiar with the way the British think and feel.

これ以外にも次のような英訳が可。

1. My uncle lived in Britain for ten years, so he is familiar with the way the British think and feel.

2. My uncle is familiar with the way the British think and feel, since he lived in Britain for ten years.

so や since の代わりに because も使えるが、因果関係が強くなりすぎてしまう。学習者は because を使いすぎる傾向があるが、実際は He suffers from diabetes because his eating habits are extremely bad. (彼は食生活が極端に悪いから糖尿病を患っている) のように、因果関係が明確なときに使うべきだ。

非制限用法の関係代名詞 who SV を because や since のような理由づけで使うこともできる。who 以下は補足情報、主情報は My uncle is familiar with the way the British think and feel になる。

My uncle lived in Britain for ten years を過去完了 had lived にすると不自然。「イギリス人のものの考え方や感じ方」は how the British think and feel も可。be familiar with ~ は「~をよく知っている、~に精通している」の意味。

演習問題 40 アレックス (Alex) の父は以前は有名なオーケストラでチェロを弾いていたので、クラシック音楽をよく知っています。

(解答は p.108)

Questions 解答 (1) a　(2) a

— 41 —

例題41 テッド (Ted) は20代だが、30代のアレックス (Alex) の3倍もお金を稼いでいる。

Questions (a) (b) のうち、適切なほうを選びなさい。
(1)「3倍」は three times で (a) 表せる (b) 表せない。
(2) この場合 as ~ as の中身は1語で (a) 書ける (b) 書けない。

MODEL ANSWER

Ted, who is in his twenties, earns three times as much money as Alex, who is in his thirties.

倍数詞 ~ times を as ... as と組み合わせると、three times as ~ as ... (... の3倍の~) のように使うことができる。

as ~ as の「~」に来る単語が1語と2語以上で、文法上に違いがある。2語以上になるのは~が動詞の目的語になる場合で、可算名詞は many ＋名詞 (句)、不可算名詞は much ＋名詞 (句) の形。例題は動詞 earn の目的語なので、as ~ as の中は much money のように2語になる。次の例を参照。as のあとに来る動詞の目的語が、1. は2語、2. は3語、3. は4語になっている。

1. Keihoku University has five times as *many students* as Tomei University.
「京北大学の学生数は東明大学の5倍ある」
2. This company has ten times as *many foreign employees* as that one.
「この会社の外国人従業員数はその会社の10倍ある」
3. Kate spends three times as *much money on clothes* as Jane.
「ケイトはジェーンの3倍のお金を衣料品につぎ込んでいる」

「20代前半に」「20代後半に」は、in *one's* twenties (20代に) を元にして、それぞれ in *one's* early twenties, in *one's* late twenties とする。「稼ぐ」は earn [make / get] money。

演習問題41 ここの図書館の蔵書数はあの図書館の10倍です。（解答は p.108）

Questions 解答 (1) a (2) b

例題 42 　新幹線は普通列車の約 3 倍のスピードで走る。

Questions 　(a) (b) のうち、適切なほうを選びなさい。
 (1) この場合 as 〜 as の中身は 1 語で　(a) 表せる　(b) 表せない。
 (2) 「普通列車」の「普通」にあたるのは　(a) local　(b) common。

MODEL ANSWER
The Shinkansen runs about three times as fast as the local train.

three times as 〜 as . . .（. . . の 3 倍の〜）の〜が 1 語になるのは、名詞の補語となる形容詞か、動詞を修飾する副詞。例題は副詞 fast が動詞 run を修飾している。それぞれ、次の例を参照。

(1) 主語に対する補語としての形容詞
 1. The population of China is more than ten times as *large* as that of Japan.
   「中国の人口は日本の人口の 10 倍以上だ」
(2) 目的語を修飾する形容詞
 2. Our hope is to develop a new supercomputer millions of times as *fast* as the K computer. 「私たちの願望はスーパーコンピュータ京の数百万倍の速さのある新しいスーパーコンピュータの開発だ」

　1. は主語である名詞 population に形容詞 large がかかり、2. は名詞 supercomputer という目的語に形容詞 fast がかかる形。

(3) 動詞を修飾する副詞
 3. Mitsuo is working twice as *hard* as you to pass the pre-first grade STEP test.
   「光男は英検準一級に合格するためにあなたの倍は努力している」
 4. Mr. Yamaguchi takes a blood test three times as *often* as Mr. Toda.
   「山口氏は戸田氏の 3 倍の頻度で血液検査を受けている」

　3. は動詞句 is working に副詞 hard が、4. は動詞 takes に副詞 often がかかる。

演習問題 42 　この新しい家は私が数か月前まで住んでいたアパートよりも 3 倍も広い。　　　　　　　　　　　　　　　　　　　　（解答は p.108）

Questions 　**解答**　(1) a　(2) a

例題43　その雨は広島では50年ぶりの豪雨だった。

Questions　(a) (b) のうち、適切なほうを選びなさい。
- (1) この場合「50年ぶり」は最上級で　(a) 表せる　(b) 表せない。
- (2) この文では for the first time in fifty years は　(a) 使える　(b) 使えない。

MODEL ANSWER

That was the heaviest rain in fifty years in Hiroshima.

「20年ぶり」などの「〜年ぶり」という表現に for the first time in 〜 years が使える場合と使えない場合がある (例題6を参照)。

使えるのは、「〜年ぶりに会う」とか「〜年ぶりに〜へ行く」など、意味として比較・程度の概念を含まない場合。

1. I met Yoshio for the first time in five years.
   「私は義夫に5年ぶりに会った」

それに対して for the first time in 〜 years の形が使えないのは、「50年ぶりの大雨」などのように、程度の表現の場合。「50年間で最も多い雨」のように発想を変えて、the heaviest rain [rainfall] in fifty years とする。注意すべきは fifty years の前に前置詞 in 以外の語句 (the last など) を付け加えないこと。MODEL ANSWER では that を主語にしたが、we や they を主語にすることも可。

2. They had the heaviest rain [rainfall] in fifty years in Hiroshima.
3. We had the heaviest rain [rainfall] in fifty years in Hiroshima.

2.は広島在住者以外の視点、3.は広島在住者の視点。That が主語だと発話者の視点は明示されておらず、客観的な立場からの視点になる。

演習問題43　それは青森では60年ぶりの大雪だった。　　　　（解答は p.108）

Questions 解答　(1) a　(2) b

例題 44　福岡の人たちはあんな大雨は経験したことがないと言った。

Questions　(a)(b)のうち、適切なほうを選びなさい。

(1) この場合 for the first time in ～ の構文は　(a) 使える　(b) 使えない。

(2) この文は最上級で　(a) 書ける　(b) 書けない。

MODEL ANSWER

The people in Fukuoka said that that was the heaviest rain [rain-fall] they'd ever had.

二通りの処理の仕方が考えられる。一つは MODEL ANSWER の最上級を使って「彼らがそれまで経験した中で最もひどい大雨」とする方。ただし、「～ぶり」で使った for the first time (例題 6, 63 を参照) や最上級＋in 50 years (例題 43 を参照) は使えない。主節の動詞が過去形なので、従属節の「彼らがそれまでに経験した中で」は時制を一つずらして過去完了形になる。

1. That was the heaviest rain *they'd* ever had.
   「それがそれまでで最もひどい雨だった」

次の例は災害直後といった感じになり、現在と現在完了の組み合わせになる。

2. This is the heaviest rain *they've* ever had.
   「今回がこれまで経験した中で最もひどい大雨だ」

例題は次のようにも書ける。ただし、主節が過去なので that 以下の従属節は過去完了になる。

3. The people in Fukuoka said that *they'd never had* such a heavy rain [rainfall].

2. は、災害にあった住民が we を使って簡潔に言うのなら、次のようになる。

4. *We've never had* such a heavy rain.

演習問題 44　山形の人たちはあんな大雪は経験したことがないと言った。

(解答は p.108)

Questions 解答　(1) b　(2) a

「案外」「意外に」「思ったよりも」の英訳

例題 45 ファミレスでのバイトは思った以上にきつかった。

Questions (a) (b) のうち、適切なほうを選びなさい。
(1) この例題は比較級が (a) 使える (b) 使えない。
(2)「思った以上に」の部分は過去形で (a) 書ける (b) 書けない。

MODEL ANSWER

Working part-time at a family restaurant was harder than I'd expected.

このタイプの問題は時制に注意。主節と than 以下の時制を同じにしてしまう誤りが散見される。

×Working part-time at a family restaurant was harder than I *expected*.

「仕事がきついだろう」と予測した時点は、実際にアルバイトした時点より一つ前になるので、than 以下は過去完了で表す。

これからバイトをする相手に「ファミレスでのバイトはあなたが思っている以上にきつい」と言うのなら、次のようになる。

Working part-time at a family restaurant is harder than you *might expect* [*think*].

than 以下の動詞は might や would などの推量の助動詞を伴うのが一般的。超能力でもない限り通常は「あなたが考えている（より）」と断言はできないはずなので、厳密に考えるなら「あなたが考えているかもしれない（より）」という推量にしないとおかしい。

「バイトをする」は do a part-time job も可。「きついは」は hard のほかに tough も可。特に消耗の激しい仕事ならば exhausting が使える。

「案外」「意外に」「予想外に」などは比較級を用いると適切に表せることが多いので、これを機に意識できるようにしておこう。

演習問題 45 今回の韓国旅行は意外にも楽しかった。 （解答は p.110）

例題 46 　最近、人々は必要な情報を得る上で新聞や雑誌への依存度が低くなってきている。

Questions 　(a)(b)のうち、適切なほうを選びなさい。
(1) この例題は less を使った比較級が　(a) 使える　(b) 使えない。
(2) 「情報を得る」の「得る」の部分は前置詞で　(a) 書ける　(b) 書けない。

MODEL ANSWER

These days, people are becoming less dependent on newspapers or magazines for information they need.

less を用いる劣等比較が使えない学習者が多い。劣等比較は実際の英語ではわりと頻繁に用いられている。これを機に使えるようになろう。

1. These days, using plastic bags is becoming less common (than before).
「最近はビニール袋を使うことが以前ほど普通ではなくなっている」

2. Using gasoline [petrol] cars will become less common in the near future.
「ガソリン車に乗ることは、近い将来、それほど一般的ではなくなっているだろう」

このように、become は比較級とは相性の良い動詞の一つ。

なお、例題に動詞には depend on ~（~に頼る）をあてることもできる。depend や be dependent を用いる場合、「情報を得る」の「得る」は前置詞 for で表す（例題 30 を参照）。

3. These days, people depend less on newspapers or magazines for information they need.

演習問題 46 　最近では現金を使う頻度が以前に比べて下がってきている。

（解答は p.110）

Questions 解答　(1) a　(2) a

例題 47　きちんと食事をとり、きちんと眠ることほど健康にい
　　　　　　いことはない。

Questions　(a) (b) のうち、適切なほうを選びなさい。
　(1) この例題は nothing を主語にして　(a) 書ける　(b) 書けない。
　(2)「きちんと」を副詞 well で表すことは　(a) 可　(b) 不可。

MODEL ANSWER

Nothing is better for one's health than eating well and sleeping well.

　nothing や nobody などを主語にする「ゼロ主語」は日本語の考え方にはないので、
英作文でもゼロ主語を使えない学習者が多い。
　自由英作文では、構文の多様性も評価の基準になりうる。I think など人主語のワ
ンパターンに陥らないように、無生物主語 (例題 71 を参照) やゼロ主語をときどき
交ぜると、採点官の印象が上がって点数がとりやすい場合がある (p.vii を参照)。
　ゼロ主語を用いた代表的な比較構文の例を挙げる。
1. Nothing gives me more pleasure than walking in the mountains by myself on
   sunny days.「晴天に一人で山歩きをするほど楽しいことはない」
2. For the Europeans in the 14th century, nothing was more terrifying than the spread
   of the plague.「14 世紀のヨーロッパの人々にとって、ペストの流行ほど恐ろ
   しいものはなかった」

　1. は Nothing is more enjoyable . . . も可。2. は「恐ろしい」に frightening も可。
　例題の eat well は「栄養バランスの取れた規則正しい食事をとる」という意味。
sleep well は「途中で起きたりせず熟睡できる質の高い眠りをとる」という意味。

演習問題 47　仲良しの友達とおいしい食事をすることほど私にとって幸せなこと
　　　　　　　　はありません。
　　　　　　　　　　　　　　　　　　　　　　　　　　　　　（解答は p.110）

例題 48　医学の発達は日進月歩である。おかげで昔は治らなかった多くの病気が今では治るようになった。

Questions　(a) (b) のうち、適切なほうを選びなさい。
　(1)「日進月歩」を「急速な発達」と考えることは　(a) 適切　(b) 不適切。
　(2)「治るようになった」の時制を現在形で表すことは　(a) 可　(b) 不可。

MODEL ANSWER

Medical science is making rapid progress. Thanks to this, many diseases that used to be incurable are now curable.

「日進月歩」は英語にそのまま直訳できない代表的な日本語表現。文脈に合わせてその都度訳すしかない。例題は「急速に発達している」と考えて、現在進行形を使う。

「医学」は medical science か medicine で表す。「進歩する」は make progress か、progress や advance と1語の動詞でもよい。

「医学はこの 50 年で著しく発達した」
1. Medicine *has made remarkable progress* in the last fifty years.
2. Medicine *has remarkably advanced* [*progressed*] in the last fifty years.

「治らない病気」は diseases that cannot be cured より incurable diseases のほうが自然。「治る病気」も diseases that can be cured でなく curable diseases とする。
「昔は」は used to be でなくても、単なる過去形でもよい。
3. many diseases that [which] *were* incurable「治らなかった多くの病気」

「治るようになった」に become や come to *do* をあてたがる学習者が多いが、be 動詞で問題ない。「今は治る状態である」と考えて時制は現在形にする。are now curable の代わりに have become curable としてもいいが、必然性は感じない。

演習問題 48　AI はこの 20 年で著しい進歩を遂げた。今ではかって人間がやっていた多くの仕事を AI がやるようになっている。　（解答は p.110）

Questions 解答　(1) a　(2) a

例題 49　現代の日本人の食生活は 50 年前と比べると西洋化が進んでいる。

Questions　(a) (b) のうち、適切なほうを選びなさい。
(1)「食生活」を eating life と訳すことは　(a) 適切　(b) 不適切。
(2)「進んでいる」の時制を現在形で表すことは　(a) 適切　(b) 不適切。

MODEL ANSWER

Today, Japanese eating habits are more westernized than they were fifty years ago.

例題は「現在の日本人の食生活」と「50 年前の日本人の食生活」を対比させるために、than の前後の SV を同じ形にして時制で対比させるのがポイント。ここでは than 以下の構造に注意。they were は Japanese eating habits were のことなので、厳密にいえば「現在の日本人の食生活は 50 年前にそれがそうであったよりも西洋化している」という意味になる。

1. Medicine today is far more advanced than *it was* a hundred years ago.
「現代の医学は 100 年前よりはるかに進歩している」

2. Communication technology today is far more advanced than *it was* fifty years ago.「今日の通信技術は 50 年前よりはるかに進歩している」

MODEL ANSWER は than の前後で、S is ... と it was 〜 ago が、同じ主語＋be 動詞の形で対比されている。

advance は動詞や名詞の用法のほかに be advanced の形容詞用法があり、「進歩している」という状態を表す（例題 50 参照）。

例題の「食生活」は eating habits とする。×an eating life は和製英語で間違い。「すてきなカーライフ」のつもりで a great car life と言ったら、寿命の長い車のこととでも思われるのがオチ。

演習問題 49　今日、アフリカの国の多くは 100 年前に比べるとはるかに文明度が進んでいる。
（解答は p.110）

Questions 解答　(1) b　(2) a

例題 50 日本の宇宙ロケットは欧米と肩を並べるところまで来ている。

Questions (a) (b) のうち、適切なほうを選びなさい。
(1) 「肩を並べる」は「同じレベルまで発達している」と考えることは (a) 適切 (b) 不適切。
(2) この構文で as ～ as の同等比較の形を使うのは (a) 適切 (b) 不適切。

MODEL ANSWER

Japan's space rockets are as advanced as those of western countries.

和文英訳では、問題文を英訳可能な別の日本語に解釈し直さねばならないことが多い。例題の「肩を並べる」も ×arrange shoulders では意味不明で、「同等のレベルまで発達している」と解釈してからやっと英訳できる。

例題は X is advanced (X は発達している) が使えるかどうかがポイント (例題 49 を参照)。

次に、何と何が比較されているかを見極めること。「日本の宇宙ロケット」と「欧米」であるが、厳密には「日本の宇宙ロケット」と「欧米の宇宙ロケット」でないと比較できない。

「欧米 (の宇宙ロケット)」は「宇宙ロケット」を代名詞 those に置き換えて、those of western countries とする。英語では同一語句の繰り返しはなるべく避けること。次の例を参照。

1. Japan's medical science is as advanced as *that* of western countries.
   「日本の医学は欧米と比べて遜色のない水準である」
2. Russian ICBMs are as destructive as *those* of the United States.
   「ロシアの大陸間弾道ミサイルはアメリカと肩を並べるほどの破壊力がある」
3. Helen's suggestion is as constructive as *yours*.
   「ヘレンの提案はあなたの提案と同じくらい建設的だ」

繰り返しを避けるために、1. は medical science → that、2. は ICBMs → those、3. は (your) suggestion → yours となっている。

演習問題 50 まさと君の意見は君の意見と同じくらい説得力がある。

(解答は p.110)

Questions 解答 (1) a (2) a

「～は . . . タイプの人間です」の英訳

例題 51　彼は権威ある人々の言うことを疑ってかかるタイプの人間です。

Questions　(a) (b) のうち、適切なほうを選びなさい。
 (1)　この英訳の出だしは He is a kind of person who . . . で　(a) 可　(b) 不可。
 (2)　「権威ある人々」は authorities が　(a) 使える　(b) 使えない。

MODEL ANSWER

He is the kind of person who doubts what authorities say.

「彼は～タイプの人間だ」と人物を類型分けする表現では、X is the kind of ～ who . . . の形を使う。この構文では、kind につく冠詞が a ではなく the になることに注意。この the は、「who 以下のようなそういう種類の～」という意味合いがある。具体例は次を参照。

1. He is *the* kind of guy *who* is quite ready to take advantage of other people's weaknesses.
   「彼は隙あらばいつでも他人の弱みに付け込もうとするタイプの人間だ」
2. She is *the* kind of woman *who* is obsessed with how to stay young.
   「彼女はどうやったら自分の若さを保てるかにやたらこだわるタイプの女性だ」
3. He is *the* kind of person *who* is always concerned about what other people think of him.
   「彼は自分が人からどう思われているかを常に気にするタイプの人間だ」

the kind となること以外に、the kind of に続く名詞が無冠詞である点にも注意。1. の take advantage of ～ は「～を（悪い意味で）利用する」、2. の be obsessed with ～ は「～に異常にこだわる」の意味。

例題の「権威者」は authority。「宇宙論の権威」は an authority on cosmology となる。複数は authorities on American literature（アメリカ文学の権威者たち）となる。

演習問題 51　彼は世の中で自分が一番頭がいいと信じているタイプの人間です。
（解答は p.110）

Questions　解答　(1) b　(2) a

「X ではなく Y」の構文

例題 52　重要なのは勝ち負けではなく、どのくらい熱心に取り組むかなのです。（日本女子大）

Questions　(a)(b) のうち、適切なほうを選びなさい。
(1) この英訳の出だしは関係詞の what が　(a) 使える　(b) 使えない。
(2) この例題は not X but Y の形が　(a) 使える　(b) 使えない。

MODEL ANSWER

What is important is not whether you win or lose, but how hard you work [try].

「重要なのは」は関係詞 what を主語にして、what is important is や what counts is など（例題 39 を参照）。the important thing を主語にしてもよい。

全体は **What is important is not X but Y.** となり、X と Y には名詞句か名詞節が来る。

MODEL ANSWER に出てくる whether や how で導かれる名詞節を使うのが苦手な学習者が多い。次の例を参照。

1. What they need is not power but wisdom.
   「彼らに必要なものは権力ではなく賢明さだ」
2. The important thing is not what you want your friends to do for you but what you want to do for them. 「重要なのは、あなたが友達から何をしてもらいたいかではなく、あなたが友達に何をしてあげたいかだ」
3. What counts is not whether you are wealthy or not, but whether you are a man of integrity or not. 「大事なことはあなたが資産家であるかどうかではなく、高潔な人物かどうかなのです」

3. の a man of integrity は言動に嘘がなく誠実で、ぶれることのない信念を持っている高潔な人物のこと。

演習問題 52　重要なのは長生きするかどうかではなく、どう自分の人生を生きるかだ。　　　　　　　　　　　　　　　　　　　　（解答は p.110）

Questions 解答　(1) a　(2) a

The more ～ 型の比較級構文①

例題 53　生命の起源について考えれば考えるほど、混乱が深まっ
た。

Questions　(a) (b) のうち、適切なほうを選びなさい。
(1) この英訳の出だしは The more I thought が　(a) 使える　(b) 使えない。
(2) 「混乱が深まった」は the more I was [became / got] confused で　(a)
可　(b) 不可。

MODEL ANSWER

**The more I thought about the origin of life, the more confused I
was [got].**

the more . . . the more ～構文が正確に使えない学習者が少なくない。単に the more
SV, the more SV の形にすればよいのではない。とくに後半で次のような間違いが散
見される。

　　×　. . . the more I became confused

the more と形容詞・副詞は直結させなければ間違い。ただし、例題の前半の the
more には動詞 thought にかかる副詞 well の意味が含まれている。次の例の前半と
同質の形だと考えよう。

1. *The harder* I worked, the luckier I got.
「賢明に働くほどに、幸運になった」

後半の the more と confused は 2 語で「より混乱した」というまとまった意味な
ので、絶対に切り離せない。次の例を参照。

2. The faster the train ran, *the more excited* we got.
「列車が速くなるたびに、私たちは興奮した」

3. The longer you stay in that country, *the more likely* you are to be infected with
the new type of influenza. 「その国に長くいればいるほど、新型インフルエン
ザに感染する可能性は高くなる」

2. の後半を ×the more we got excited、3. の後半を ×the more you are likely to
be . . . としないこと。

演習問題 53　林の中に長くいればいるほどゆったりした気分になった。

（解答は p.110）

Questions 解答　(1) a　(2) b

The more 〜 型の比較級構文②

例題 54　人間は、権力を持てば持つほど権力を欲しがるものだ。

Questions　(a) (b) のうち、適切なほうを選びなさい。
(1) この英訳の出だしは The more power が　(a) 使える　(b) 使えない。
(2) この例題で「人間」は human が　(a) 自然　(b) やや不自然。

MODEL ANSWER

The more power one has, the more power one wants.

「人間」にあたる場合、human と human being は、他の動物や植物と対比する際にふさわしい。最近では、AI など人間に類似した存在との対比でよく使われる。

1. This robot has feelings like a human.
   「このロボットは人間並みの感情がある」

例題の「人間」は「一般論としての人」が想定されているので、くだけた感じなら you、改まった感じなら one を使う。

また、the more と名詞を切り離す次のような誤りが多い (例題 53 を参照)。

×*The more* one has *power*, *the more* one wants *power*.

the more power で一つのまとまった意味を表すので、切り離すのは不可。同様の例を挙げる。

2. *The more forests* we explored, *the more unknown plants* we discovered.
   「より多くの森林を探査すればするほど、より多くの未知の植物が見つかった」

3. *The more liquor* he drank, *the more hallucinations* he had.
   「彼は酒を飲めば飲むほど、より多くの幻覚を見るようになった」

イタリックで示した部分は名詞句として、どちらも動詞の目的語になっている。

演習問題 54　人間は金を持てば持つほど金を欲しがるものだ。　(解答は p.110)

Questions 解答　(1) a　(2) b

例題 55 私は、勤勉はそれが報われようが報われまいが、それ
自体が美徳であると確信している。

Questions (a) (b) のうち、適切なほうを選びなさい。
  (1)「報われようが報われまいが」は whether が　(a) 使える　(b) 使えな
  い。
  (2) この例題で「勤勉」は hard work が　(a) 一般的　(b) 一般的とは言え
  ない。

MODEL ANSWER

**I firmly believe that hard work itself is a virtue, whether it is
rewarding or not.**

　譲歩という言葉は、通常は「今回は譲歩して、私が払います」などと、「妥協して
譲ること」の意味で使われることが多い。だが、文法における譲歩は、「〜ではある
が」「たとえ〜であろうとも」「どんなに〜しても」「〜であれ〜であれ」などを表す
副詞節の意味を指す。また、こういった副詞節を「譲歩節」と呼ぶ。次の例では、
whether 以下が名詞節になる 1.〜3. と副詞節になる 4. の違いに着目。4. だけが従属
節＝譲歩節で、「〜であろうがなかろうが」という意味になる。

  1. *Whether he likes it or not* is what I want to know. （文の主語）
    「彼がそれを好きかどうかが私が知りたいことだ」
  2. What I want to know is *whether he likes it or not*. （文の補語）
    「私が知りたいことは彼がそれを好きかどうかだ」
  3. I want to know *whether he likes it or not*. （know の目的語）
    「私は彼がそれを好きかどうかを知りたい」
  4. He must do it, *whether he likes it or not*. （副詞節）
    「彼は、それが好きだろうが嫌いだろうが、それをしなければならない」

　例題の「勤勉」には hard work がよく使われる。diligence も可能だが、hard work
のほうが一般的。名詞の rewarding（報酬）は金銭的報酬だけでなく、精神的満足を
表すこともある。

演習問題 55 時には、好むと好まざるとにかかわらず、それをやるほかはない、
  という場合がある。　　　　　　　　　　　　　　　（解答は p.110）

Questions **解答** (1) a　(2) a

例題 56　私はたとえ父の同意を得られなくてもケンブリッジ大学で数学の研究をするつもりだ。

Questions　(a) (b) のうち、適切なほうを選びなさい。
(1)「たとえ～であっても」は even if が　(a) 使える　(b) 使えない。
(2)「研究をする」は study で (a) 可　(b) 不可。

MODEL ANSWER

Even if my father doesn't give me his consent, I'm going to study mathematics at Cambridge University.

「たとえ～であろうとも」は even if を使った譲歩節で表す。Even if X, Y は「Xの有無や真偽にかかわらず、Y は不変である」を内包している。

次の例では、1. は「雨天であってもなくても祭りは実施される」、2. は「大幅減税の約束があろうとなかろうと景気は回復しない」ということになる。

1. *Even if it rains*, the festival will be held as scheduled.
「雨天でも、祭りは予定通り実施されます」
2. *Even if the government promises big tax cuts*, the economy won't recover.
「政府が大幅減税を約束したとしても、景気は回復しないだろう」

例題は「父の同意の有無にかかわらずケンブリッジで研究する」ということ。

「父の同意を得る」は「父が私に同意 (consent) を与えてくれる」と考えるか、「父の同意 (consent) を得る」をそのまま get my father's consent として、前半を Even if I cannot get my father's consent としてもよい。

「研究する」は study でも可。study は「勉強する」だけでなく、学問的な意味で「研究」「研究する」の意味でもよく使われる。

演習問題 56　たとえ状況が悪くなっても、我々は計画を変更することはしない。
（解答は p.110）

Questions 解答　(1) a　(2) a

例題 57 　どんなに努力しても、ものごとは思い通りにいかない
　　　　　ことがよくある。

Questions 　(a) (b) のうち、適切なほうを選びなさい。
　　(1) ここでは No matter how ~ の構文が　(a) 使える　(b) 使えない。
　　(2) ここでは「努力」は try を使うのが　(a) 適切　(b) 不適切。

MODEL ANSWER

**No matter how hard you try, things often don't go as you wish
[like].**

「どんなに努力しても」には no matter how hard you try が定型語句のようによ
く使われる。how のあとに形容詞・副詞が来て、SV の構造がそれに続く。なお、no
matter how は however で置き換え可。

1. *No matter how smart you are*, you won't be able to answer this question within
   ten seconds. 「あなたがどれほど頭がよくても、この問題を 10 秒以内では答え
   られないでしょう」

try は名詞が目的語の場合は「当たってみる、試してみる」といった軽い意味にな
るが、try to *do* の形では make an effort [efforts] と同じく「努力する」という意味
になる。次の例を参照。

2. The government should *try harder* to improve the way the people work in this
   country. 「政府は国民の働き方改革のためにもっと努力すべきだ」

「努力する」は try だけでなく、「最大限の努力をする」の意味で使われる make
every effort も覚えておくこと。

3. We will *make every effort* to suppress the rebellion as soon as possible.
   「私たちは内乱を早急に鎮圧するためにあらゆる努力を惜しまない」

演習問題 57 　どんなに頑張っても周囲の人たちとうまくやっていけないときがあ
　　　　　　る。　　　　　　　　　　　　　　　　　　　　　（解答は p.110）

Questions 解答 　(1) a　(2) a

例題 58 世間が何と言おうとも、私は自分が正しいと思うことをやる決意だ。

Questions (a) (b) のうち、適切なほうを選びなさい。
(1)「世間」は people が (a) 使える (b) 使えない。
(2) 断固とした決意を表すのに be determined to *do* ~ は (a) 適切 (b) 不適切。

MODEL ANSWER

No matter what they [people] say, I'm determined to do what I think is right.

「世間」は「一般的な人々」と考えて people や they を用いる。「世間が何と言おうとも」は譲歩節 no matter what they [people] say を使う。なお、whatever they [people] say でもいいが、改まった感じになる。

次の 1. の him は「彼の言うこと」で、what he said を繰り返さない工夫。2. の what ... は文の補語。

1. 「彼が何を言っても、世間は彼の言うことを信じなかった」
   →No matter what he said, people didn't believe him.
2. 「理由が何であったにせよ、彼が自分の主君を殺害した」
   →No matter what the reason was, he killed his lord.

be determined to *do* ~ は固い決意を表すのに用いられる。

3. They *were determined to* stop the spread of the cholera.
   「当局はコレラの蔓延は何としても歯止めをかける決意だった」

「自分が正しいと思うこと」は次の 4. のように you think を what he said の中に入れ込む。5. との意味の違いに注意。

4. What *do you think* he said?「彼が何と言ったと思いますか」
5. Do you know what he said?「彼が何と言ったか知っていますか」

演習問題 58 どんなことがあっても私はあなたの味方です。　　（解答は p.110）

Questions 解答 (1) a (2) a

例題 59 どの国を訪れても、異文化を進んで受け入れる気持ちがあれば、その国での滞在を楽しめるでしょう。

Questions (a)(b)のうち、適切なほうを選びなさい。
(1) what を名詞とつないで what country の形にすることが (a)できる (b)できない。
(2)「進んで受け入れる」は be ready to *do* で (a)表せる (b)表せない。

MODEL ANSWER

No matter what country you visit, you'll be able to enjoy your stay there if you are ready to accept different cultures.

関係詞 what には名詞と結びついて what country, what job, what color などとなる用法がある（関係形容詞と呼ばれる）。次にその譲歩節の例を挙げる。

1. No matter *what job* you do, it takes time to get used to it.
   「何の仕事をするにせよ、慣れるまでには時間がかかるものだ」
2. No matter *what role* she plays in TV dramas or movies, she is attractive.
   「テレビドラマや映画で何の役をやっても、彼女は魅力的だ」
3. No matter *what medicine* you take, you should be well aware of its side effects.
   「何の薬を飲むにせよ、副作用については十分認識しておく必要がある」

no matter what ～ を whatever ～ に言い換えると、改まった感じになる。

4. Whatever country you visit, you will find a lot of folk songs.
   「どんな国に行っても、たくさんの民謡がある」

「進んで受け入れる」は be ready to accept か、堅めなら be prepared to accept とする。例題の後半は your stay there will be enjoyable if you are prepared to accept different cultures でもよい。

演習問題 59 どの国に行っても、英語が話せれば何とか生き残っていけます。
（解答は p.110）

Questions 解答 (1)a (2)a

例題 60　今世紀は核兵器を保有する国が増えると多くの人が予測している。

Questions　(a) (b) のうち、適切なほうを選びなさい。
(1) 「増える」は increase を使う必要が　(a) ある　(b) 必ずしもない。
(2) 「核兵器を保有する国」は関係代名詞節で書く必要が　(a) ある　(b) 必ずしもない。

MODEL ANSWER

Many people predict that more countries will possess [have] nuclear weapons in this century.

「〜が増える」には動詞 increase が使えるが、次のように increase に more をつける間違いが散見される。

×The countries which have nuclear weapons will *increase more*.

more は次のように使う。
1.　We hope that more foreign tourists will come to Japan this year.
　　「今年はより多くの外国人観光客の方々に来日していただきたいと思っております」　　　　　　　　　　　　　　　　（☞自由英作文設問 G 参照）

「核兵器を保有する国」は a nuclear power で表せる。power は「大国、強国」の意味。それを踏まえると例題は次のように書ける。なお、a military power（軍事大国）と an economic power（経済大国）もあわせて覚えておこう。
2.　Many people predict that there will be more nuclear powers in this century.

動詞 increase を使うと次のようになる。
3.　Many people predict that the number of nuclear powers will increase in this century.

演習問題 60　多くの人が今世紀はテロリストの数が増えるだろうと考えている。
　　　　　　　　　　　　　　　　　　　　　　　　　　（解答は p.110）

Questions **解答**　(1) b　(2) b

例題 61　現在の割合で大気中の CO_2 が増え続ければ地球はどうなるだろうか。

Questions　(a)(b)のうち、適切なほうを選びなさい。
(1)「増え続ける」は keep (on) increasing で　(a) 表せる　(b) 表せない。
(2)「どうなるか」は what will happen が　(a) 使える　(b) 使えない。

MODEL ANSWER

What will happen to the earth if the amount of CO_2 in the atmosphere keeps (on) increasing at the present rate?

量や数に言及する場合、amount や number を主語にして「増える」を increase で表す。次の例を参照。

1.「これらのアジア諸国で消費される化石燃料の量は年々増加している」
　→The *amount* of fossil fuels consumed in these Asian countries is increasing every year.

2.「日本で働く外国人の数は年々増加している」
　→The *number* of foreigners working in Japan is increasing every year.

increase の目的語として risk も使える。

3.「喫煙は肺がんのリスクを高める可能性がある」
　→Smoking can increase the *risk* of lung cancer.

　例題の「どうなるか」は what will happen to [what will become of] ～ が使える。「現在の割合で」は at the present rate で表す。

演習問題 61　現在の割合で少子高齢化が進めば日本はどうなるだろうか。
（解答は p.110）

Questions **解答**　(1) a　(2) a

例題 62　最近は新聞を読む日本の若者がだんだん減ってきている。

Questions　(a) (b) のうち、適切なほうを選びなさい。
(1) この場合の「減る」は less が　(a) 使える　(b) 使えない。
(2) 全体の時制は現在形で　(a) 可　(b) 不可。

MODEL ANSWER

These days, fewer and fewer young Japanese (people) read news-papers.

「数 (the number)」を主語にすると、次のようになる。

1. These days, the number of young Japanese (people) who read newspapers is decreasing.

これでもいいが、関係詞節を使わない単文で書くのが理想的。その場合、「より少ない日本人の若者が新聞を読む」と解釈し直して fewer を文頭に置くが、fewer and fewer とすると「だんだん減ってきている」という意味が出せる。次は類例。

2. 「最近では、日本では週刊誌が読まれなくなっている」
　→These days, Japanese people read fewer and fewer weekly magazines.

fewer と less を取り違えないこと。2. を次のように書くのは規範的ではないので避けること。

△These days, Japanese people read *less and less* weekly magazines.

few は可算名詞、less は不可算名詞に用いる。次は less を使った例。

3. Less and less rice is consumed in Japan.
　「日本ではコメの消費量が落ち込んできている」

演習問題 62　最近車を欲しがる日本の若者はだんだん減ってきている。

（解答は p.112）

Questions 解答　(1) b　(2) a

例題 63 　自然災害というものは経験して初めてその恐ろしさが
わかる。

Questions 　(a) (b) のうち、適切なほうを選びなさい。
(1) この場合の「わかる」は know が　(a) 適切　(b) 不適切。
(2) ここでは only when SV の構文が　(a) 使える　(b) 使えない。

MODEL ANSWER

**You realize how terrifying [frightening] natural disasters are only
when you experience them.**

動詞 realize (認識する、悟る) のあとに that 節や wh- 節や how 節が続く場合、そ
の内容は「〜が . . . であること」のような思考の対象になる。次の例を参照。

1. He will soon realize *how wrong he is*.
「彼はもうすぐ自分がどれほど間違っているかに気づくだろう」

know は「知る」という動作ではなく「知っている」という状態を表すので、real-
ize の代わりに know は使えない (例題 18 を参照)。また、日本語が「気づける (＝
気づくことができる)」となっていても can は使わず、realize だけで済ませる。
目に見える対象の場合は notice を使う。次の例を参照。

2. Didn't you *notice* the road sign over there?
「あなたはあそこの道路標識に気づかなかったんですか」

例題は only when SV を用いたほうが楽だが、It is not until SV₁ that SV₂. (SV₁ し
て初めて SV₂ がわかる) を使って書いても可。この場合、「恐ろしさ」は wh- 節や
how 節で書くと自然になる。

3. It is not until you experience natural disasters that you realize how terrifying
[frightening] they are.

演習問題 63 　貧乏になって初めてお金のありがたみがわかる。　（解答は p.112)

例題 64 先日 20 年ぶりにマックス (Max) に会ったが、最初は
お互い同士わからなかった。

Questions (a) (b) のうち、適切なほうを選びなさい。
(1) この場合の「わかる」は realize が (a) 適切 (b) 不適切。
(2)「最初は」は first が (a) 正しい (b) 正しくない。

MODEL ANSWER

The other day I met Max for the first time in 20 years. At first we
didn't recognize each other.

「以前見た人や物をあらためて認識する」という意味で recognize が使われる。
recognize は re- (再び)＋cognize (認識する) という成り立ちであることからもわか
る。次の例を参照。

1. I hadn't seen him for thirty years, so I hadn't expected to recognize him. But I
    did.「私は彼に 30 年会っていなかったので、彼がわからないだろうと思って
    いたが、実際にはわかった」

recognize には「正式に認める、対象の重要性・価値を認める」という意味もあ
る。

2. The prime minister recognized the need to postpone the Olympic Games.
    「首相はオリンピックの延期の必要性を認めた」
3. She is recognized as a first-rate violinist.
    「彼女は一流バイオリニストとして認められている」

「最初は」は at first が正しい。first は順序として「第一に」という意味で、次に
second, third とつながることが暗示される。at first は「最初は〜だった (があとで
異なる状況になった)」ということが暗示される。

演習問題 64 昨日 5 年ぶりにジョージ (George) から電話があった。最初に彼が
言ったのは「おい、淳平おれだ。わかるかい」だった。

(解答は p.112)

Questions 解答 (1) b (2) b

体験を基にした印象や事実の把握を表す動詞 find の用法

例題 65　人によってはブラウン (Brown) 先生のスピーチは興味深いものだったが、人によっては退屈なものだった。

Questions　(a) (b) のうち、適切なほうを選びなさい。
(1)「人によっては」は some people を主語にして　(a) 書ける　(b) 書けない。
(2) ここでは find ＋目的語＋補語の構文は　(a) 適切　(b) 不適切。

MODEL ANSWER

Some people found Mr. Brown's speech interesting and others found it boring.

　動詞 find は体験を基にした個人的印象 (例: interesting, boring, exciting, etc.) や事実 (例: dead, alive, out, etc.) を述べるのによく使われる。次の例を参照。
1.「彼はとても親切だと思った」→I found him very kind.
2.「その女性はまだ存命だとわかった」→I found the woman still alive.

　1.は人物に会ったあとの個人的感想を、2.は実際に会うなり調べるなりしてわかった客観的事実を述べている。1.の英訳をやらせると I think . . . を使う学習者が多いが、実際は find を使うほうが圧倒的に多い (例題 17 を参照)。think は考えや意見を表明するときの動詞であることに注意。次の例を参照。
3.「私は、君が大きな間違いを犯していると思う」
　　→I think you are making a big mistake.

　「(ある集合の中には) こういう人もいれば、こういう人もいる」は、Some people . . . and others . . . で表す。
4.「肉が好きな人もいれば、魚が好きな人もいる」
　　→Some people like meat and others like fish.

演習問題 65　あなたにとってこの本は無意味かもしれないが、私は意義深いと思います。（解答は p.112）

例題 66　今、日本の企業の多くが人手不足、後継者不足に悩んでいる。

Questions　(a)(b)のうち、適切なほうを選びなさい。
　(1)「悩んでいる」は suffer を使うことが　(a) できる　(b) できない。
　(2)「人手」は「労働者」と考えることが　(a) 適切　(b) 不適切。

MODEL ANSWER

Today, many Japanese corporations are suffering from [suffer from] a shortage of workers and successors.

　動詞 suffer（精神・肉体的に苦しむ[悩む]）は suffer from ～ の形で使うことが圧倒的に多い。苦しみ・悩みが一時的な場合には be suffering from ～ と進行形を用い、長期にわたる場合は suffer from ～ と進行形を使わないのが基本。例題は現在形でもよい。いくつか例を挙げる。
　1.「世界の多くの国がコロナウイルスの感染拡大で苦しんでいる」
　　→Many countries are suffering from the spread of the coronavirus.
　2.「アメリカは巨額の対中国貿易赤字に苦しんでいる」
　　→The United States is suffering from the huge trade deficit with China.
　3.「日本の観光産業は大幅な売り上げの減少で苦しんでいる」
　　→The tourist industry in Japan is suffering from a significant decrease in sales.
　4.「世界中で非常に多くの人が難病で苦しんでいる」
　　→A great many people all over the world suffer from serious diseases.

　上例の 1.～3. は一時的なので進行形、4. は長期にわたる今日的な課題なので現在形にする。一時的な病気にかかった場合も進行形を使う。ただし、日常的な風邪には suffer はやや不自然。
　5.「頭痛と高熱で苦しい」→I'm suffering from a headache and fever.
　6.「今日は風邪を引いている」→I have a cold today.

演習問題 66　今、その国は深刻な食糧不足、水不足、電力不足に悩まされている。
（解答は p.112）

Questions 解答　(1) a　(2) a

see＋wh- 節 [if 節] の用法

例題 67　明日、カナダの友人のマイク（Mike）に電話して彼が本当に日本人の人生観を研究したいと思っているのか確かめてみよう。

Questions　(a) (b) のうち、適切なほうを選びなさい。
(1)「確かめる」は see を使うことが　(a) できる　(b) できない。
(2)「人生観」は outlook を使うことが　(a) できる　(b) できない。

MODEL ANSWER

Tomorrow, I'll call my Canadian friend Mike to see if [whether] he really wants to study Japanese people's outlook on life [views of life].

---

see は「会う」「見える」という意味で直後に John や the car などの名詞が直結するだけでなく、that 節、wh- 節、if 節、how 節などを従えて「わかる、確かめる、調べてみる、見てみる」の意味になる。

1. "Let's *see what* will happen." was what the president always said.
「『どうなるか見てみよう』というのがその大統領の口癖だった」

2. I'm calling you to *see if* you're coming to the party tomorrow.
「明日あなたが宴会に来るのかどうか確認のために電話している」

3. Many parents want to *see how* hard their children are working at school.
「子供が学校でどのくらい一生懸命勉強しているのか知りたがる親が多い」

英語の使用実態から言うと、see と結びつく接続詞としては that, what, if, how などが非常に多く、see that SV, see what SV, see if SV, see how SV の構文が多用されている。

例題の「人生観」は outlook on life や view(s) of life で表せる。

演習問題 67　私は息子が本当に医者になりたがっているのかどうか確かめるために彼と話すつもりだ。
（解答は p.112）

Questions 解答　(1) a　(2) a

「～をあきらめる」の英訳①

例題 68　昨日医者から若死にしたくなかったら酒とたばこはやめたほうがいいと言われた。

Questions　(a)(b)のうち、適切なほうを選びなさい。
(1)「やめる」は give up を使うことが　(a) できる　(b) できない。
(2)「言われた」は字義通り受け身で書く必要が　(a) ある　(b) ない。

MODEL ANSWER

Yesterday the doctor told me to give up drinking and smoking if I didn't want to die young.

既に実行中・進行中の事柄を「あきらめる」「やめる」には give up を使える。
1.「視力が落ちてきています。運転はあきらめたほうがいいでしょう」
　　→Your eyesight has been getting worse. I suggest you should *give up driving*.
2.「今の仕事は辞めたほうがいい。給料が安すぎる」
　　→You'd better *give up your job*. You're too poorly paid.

give up の対象はいま進行中の事柄であるという点に注意。次のような間違いがたいへん多い。たとえば、次の例題で「彼女と結婚する」は未然の事柄なので give up は使えない。どうしたらいいかは、次の例題 69 で扱う。
3.「私は彼女と結婚するのはあきらめた」
　　→×I *gave up marrying* her.

例題は「医者から言われた」と受け身だが、英語では「医者が私に言った」と能動態で書いたほうが自然になる。

演習問題 68　あなたの指の状況はかなり悪い。ピアノの練習はもうあきらめたほうがいいでしょう。　　　　　　　　　　　　　　（解答は p.112）

Questions 解答　(1) a　(2) b

「～をあきらめる」の英訳②

例題 69 父親は失業中、母親は病気なので、そういう状況を考えると海外留学はあきらめなければいけないということになるだろう。

Questions (a) (b) のうち、適切なほうを選びなさい。
(1) 「海外留学をあきらめる」は give up studying abroad が　(a) 適切　(b) 不適切。
(2) 「そういう状況」は such a situation などが　(a) 適切　(b) 不適切。

MODEL ANSWER

My father is unemployed and my mother is ill. Considering this, I'll have to give up the idea of studying abroad.

進行中のことを「あきらめる・やめる」には give up が使えるが、これから発生する事柄には使えず、×I gave up marrying her. は誤文になる（例題 68 を参照）。だが、gave up の次に the idea of を置き I gave up *the idea of* marrying her.（私は彼女と結婚するという考えをあきらめる）とすれば自然な表現になる。次の例を参照。

1. 「彼は東京で新規事業を立ち上げるのをあきらめた」
   →He gave up *the idea of* starting a new business in Tokyo.
2. 「私は作曲家になるのをあきらめた」
   →I gave up *the idea of* becoming a composer.

例題の「海外留学」はこれからの予定なので、gave up のあとに the idea of を置く必要がある。

「そういう」「そういった」「そんなこと」「そういう点で」など「そう」がついていると such を使いたくなるが、英語では this や that で済ましたほうが自然なことが多い。

3. 「そんなことは言っていないよ」
   →○I didn't say that. / △I didn't say such a thing.

演習問題 69 私は子どもたちの世話にほとんどの時間を使っているので、新しい本を書くことはあきらめなければいけないでしょう。（解答は p.112）

Questions 解答　(1) b　(2) b

make it possible を使った無生物主語構文

例題 70　宇宙探査によって人類は宇宙とは何かについてより多くのことを知ることが可能になる。

Questions　(a) (b) のうち、適切なほうを選びなさい。
(1) この文は「宇宙探査」を主語にして　(a) 書ける　(b) 書けない。
(2)「可能になる」は make it possible to *do* が　(a) 使える　(b) 使えない。

MODEL ANSWER

Space exploration makes it possible for human beings to find out more about what the universe is.

make it possible to *do*（〜が〜を可能にする）は、無生物主語構文を作る代表的な構文。possible と to *do* のあいだに意味上の主語が for＋名詞句の形で入ることが多い。

1. This new CT scanner makes it possible for doctors to detect pancreatic cancer at a very early stage.「この新型 CT スキャナーによって医師はかなり初期のすい臓がんを発見できるようになる」
2. The progress of computer technology makes it possible for many office workers to work at home.
「コンピュータ技術の発達によって多くの会社員の在宅勤務が可能になった」

無生物主語構文は英語ではごく普通に使われるので、特別視しないこと。
動詞 find out と find の使い分けができない学習者が多い。find out は、find out *the truth*（真実を見つける）や find out *what time is*（時間が何であるかを発見する）のように、抽象的な内容の目的語をとることが多い。それに対して、find は、find *a missing bags*（無くしたバッグを見つける）や find *his house*（自分の家を探す）のように、具体的な物を目的語としてとる。
例題は「宇宙とは何か」という抽象的内容が目的語なので find out が妥当。

演習問題 70　航空機は乗客が長距離を短時間で移動することを可能にした。
（解答は p.112）

Questions 解答　(1) a　(2) a

例題 71　驚異的な知性と忍耐のおかげでヘレン・ケラー（Helen Keller）は哲学だけでなくフランス語、ドイツ語をも習得することができた。（首都大・改）

Questions　(a) (b) のうち、適切なほうを選びなさい。

(1) この文は「ヘレン・ケラーの驚異的な知性と忍耐」を主語にして　(a) 書ける　(b) 書けない。

(2) 動詞として enable が　(a) 使える　(b) 使えない。

MODEL ANSWER

Helen Keller's great intelligence and perseverance enabled her to learn not only philosophy but also French and German.

enabled her を made it possible for her とすることもできる。ただし、enable は必ず「誰にとって」を目的語としてとるのに対して、make it possible では意味上の主語を示す for＋名詞句は必須ではない。enable を使った例文を挙げる。

1.「彼らが懸命に努力したおかげで、その高層マンションは半年でできた」
　→Their hard work enabled them to construct the high-rise apartment building in six months.

　「驚異的な知性と忍耐」は難度が高い。「知性」は「物事を習得・理解する力」「考える力」のことなので intelligence が妥当。「忍耐」は、patience だと「物事を感情的にならず、じっと我慢して行うこと」、perseverance（動詞形 persevere）は「何度失敗してもくじけることなくひたすらやり抜くこと」「非常に積極果敢な不撓不屈の精神」を指す。ヘレン・ケラーの生涯を思うと perseverance が適訳。

2.「彼らは不屈の頑張りによって、新たな元素を発見できた」
　→Their perseverance enabled them to discover a new element.

演習問題 71　アインシュタイン（Einstein）の理論のおかげで人類は時間と空間の本質について理解するようになった。　　　　（解答は p.112）

Questions 解答　(1) a　(2) a

例題 72　この新しい英英辞書はあなたの英語力の向上にきっと
役立ちます。

Questions　(a)(b)のうち、適切なほうを選びなさい。
(1)「役立つ」は動詞 help が　(a) 使える　(b) 使えない。
(2)「英語力」は English language ability が　(a) 一般的　(b) 一般的では
ない。

MODEL ANSWER

This new English dictionary will certainly help you (to) improve
your English.

動詞 help（助ける）は人称主語構文でなら正確に使える学習者が多い。
1.「父が宿題を手伝ってくれた」→My father helped me with my homework.
2.「父が車を洗うのを手伝った」→I helped my father (to) wash his car.

だが、無生物を主語にして help を「役立つ」「効果がある」の意味で使うのが苦
手な学習者が多い。
3.「その宇宙論の本は、私が宇宙の歴史を理解するのに役立った」
→The book on cosmology *helped* me (to) understand the history of the universe.

なお、help＋目的語のあとの動詞は原形動詞にして helped me understand も可。
「誰にとって役立つ」を言う必要がない場合、help の次に原形動詞を直結すること
も可。次の例では、help の目的語は you などの「人々一般」であると想定されるの
で、示す必要はない。そのため、原形動詞の curb が help に直結している。
4.「不要不急の外出を控えることが新型コロナウイルスの感染拡大を抑えるのに
効果があるだろう」→Avoiding nonessential outgoings will *help curb* the spread
of the new coronavirus.

「英語力」は English だけで十分。English language ability とするのは論文調の堅
い表現になる。

演習問題 72　この書物はあなたがフランス文化を理解するのに大いに役立つで
しょう。　　　　　　　　　　　　　　　　　　　（解答は p.112）

Questions 解答　(1) a　(2) b

— 73 —

受動態か能動態か

例題73　昨日街を歩いていると外国人から英語で話しかけられた。私はひとことも話せなかった。

Questions　(a)(b)のうち、適切なほうを選びなさい。
(1)「話しかけられた」は受動態で書く必要が　(a)ある　(b)ない。
(2)「話せなかった」は tell を使うのが　(a)自然　(b)自然ではない。

MODEL ANSWER

Yesterday when I was walking along the street, a foreigner spoke to me in English. I couldn't say anything.

　英語では能動態が好まれることと関連して、受動態の約80パーセントは動作主である by 以下がないことも知っておこう。むしろ、by 以下を表す必要がない場合にこそ、受動態が使われる傾向がある。次は、自然な受動態の例。
　1.「そのダムは 1980 年に作られた」→The dam was built in 1980.

　ところが、次のような不自然な受動態を書く学習者があとを絶たない。
　2.「私は医者からタバコを止めるように言われた」
　　→△I was told to give up smoking by the doctor.

　この場合、by the doctor が「医者のそばで」と解釈できるので、意味が曖昧になる。できるだけ能動態で書くようにしよう。
　　→○The doctor told me to give up smoking.

　例題も、次のように書くと不自然になる。
　3.「外国人に英語で話しかけらた」
　　→△I was spoken to by a foreigner in English.

　さらに、この形では to を落としてしまう学習者が多い。なお、受動態を避けた例としては、例題 68 も参照のこと。

演習問題73　昨日ひそかにあこがれている女の子から話しかけられた。僕はすっかり上がってしまい、何と言っていいかわからなかった。
（解答は p.112）

Questions 解答　(1) b　(2) b

— 74 —

「～だからといって...とは限らない」の構文

例題 74　ある事柄が理論上は良く思えても、実際にうまくやれるとは限らない。

Questions　(a) (b) のうち、適切なほうを選びなさい。
(1) 「理論上は」 in theory で　(a) 表せる　(b) 表せない。
(2) 「実際には」は in practice で　(a) 表せる　(b) 表せない。

MODEL ANSWER

Just because something seems good in theory, it doesn't mean it works in practice.

Just because SV, it doesn't mean SV は、「前半の SV が真であっても、後半の SV が真とは限らない」というときの構文。次の例を参照。

1. Just because you've become a full-time worker, it doesn't mean you are free from money worries for the rest of your life. 「正社員になったからといって、それで一生お金の心配はしなくて済むとは限らない」

2. Just because you're taking good care of yourself, it doesn't mean you'll be able to live long. 「自分の体をとても大事にしているからといって、それで長生きができるとは限らない」

例題は「理論上は」と「実際には」が対句。理論と実践の落差を表すときは、in theory と in practice を対照させるとよい。

3. What you said may be good *in theory*, but I wonder if it works *in practice*.
「あなたが言ったことは理論上はいいかもしれないが、実践となるとうまくいくかな」

work には「物事がうまくいく」「効果がある」という意味がある。

4. "Does this medicine work?" "Yes, it does."
「この薬効きますか」「ええ、効きます」

演習問題 74　阿部君があなたに冷たい態度をとることがあるからといって、それであなたが彼を憎む十分な理由にはならない。　（解答は p.112）

Questions 解答　(1) a　(2) a

「夢」に関する表現

例題 75　私の夢は科学者です。私はこの夢の実現のために精一杯頑張ります。

Questions　(a) (b) のうち、適切なほうを選びなさい。
(1) My dream is X. で、X に a scientist は　(a) 使える　(b) 使えない。
(2) 「夢を実現する」は make *one's* dream come true で　(a) 適切　(b) 不適切。

MODEL ANSWER

My dream is to be [become] a scientist. I'll do my best to make it come true.

　「私の夢は科学者です」を My dream is a scientist. と書くのは、「私は珈琲だ」を I am a coffee. と書くのと同じく誤り。MODEL ANSWER のように to be [become] を入れて、「～になること」にする必要がある。

　「夢を実現する」で realize *one's* dream は堅い表現で一般にはあまり使われない。使役動詞の make を使って make *one's* dream come true (夢を実現させる) という make＋目的語＋原形動詞の形にする。

　例題はこれを目的を表す to 不定詞句にする。その場合 my dream は文頭で出ているので、代名詞 it で受けるのが自然。

　名詞 dream と動詞句 come true は結びつきやすい。

1. My dream came true. 「私の夢が実現した」
2. I hope your dream will come true. 「あなたの夢が実現するといいね」

　「精一杯頑張る」は do all [everything] I can (できることはすべてやる) も可。

演習問題 75　私の夢は世界的ピアニストになることです。私はこの夢の実現に全力を尽くします。　　　　　　　　　　　　　　　　　（解答は p.112）

Questions 解答　(1) b　(2) a

many と few の用法

例題 76　歌手の数は多いが名歌手は非常に少ない。

Questions　(a) (b) のうち、適切なほうを選びなさい。
(1) X is [are] many. (X が多い) の形は　(a) 正しい　(b) 正しくない。
(2) 「X が少ない」は few X が　(a) 適切　(b) 不適切。

MODEL ANSWER

There are many singers, but very few of them are good ones.

前半は存在構文 There＋V を用いる。「歌手の数は多い」を ×Singers are many. とするのは誤り。反対に「少ない」のほうは、Singers are few. は可能だが、かなり堅い表現。英語では many や few は名詞の前に置いて形容詞的に使うのが自然で一般的。次の例を参照。

1. Many foreign tourists want to visit Kyoto.
「京都に行きたがる外国人観光客が多い」
2. Few students like to read.「読書が好きな学生は少ない」

「多くの〜が ...」は発想として受け入れやすいが、「少ない〜が ...」には抵抗があるため、Few で始まる英文を書ける学習者が少ない。

後半の主語を very few of them とすると、部分集合（very few）と全体集合（them）の関係を対比的に表せる。前半の many singers が全体集合、その中のごく少数（very few）が名歌手であるという構造にするには、very few（部分集合）of them（全体集合）という形にする。このとき、of them を落としてしまう学習者が多いので要注意。

few の代わりに a few を使うと「少ないが名歌手はいる」という肯定的な意味になり、誤り。

最後は singers を繰り返さず、代名詞 ones で表す。

演習問題 76　政治家の数は多いがベテラン政治家は非常に少ない。（解答は p.114）

Questions 解答　(1) b　(2) a

例題 77 　子供たちとあまりふれあう時間が持てないと感じている父親が多い。

Questions　(a) (b) のうち、適切なほうを選びなさい。
(1)「ふれあう」で touch は　(a) 使える　(b) 使えない。
(2)「ふれあう」を「時間を一緒に過ごす」と考えるのは　(a) 適切　(b) 不適切。

MODEL ANSWER

Many fathers feel that they don't have much time to spend with their children.

「ふれあい」は日本語で多用されるが、具体的には何を意味しているのかわかりにくいせいか、touch を不適切に使う誤りが散見される。**動詞 touch は具体的にものに触るという意味。**Don't touch me. (私に触るな) は性的な意味合いを含むことがあり要注意。次の英訳は誤り。

1.「私はアメリカ文化に触れるためにニューヨークに行った」
→×I went to New York to *touch* American culture.
→○I went to New York to experience [come into contact with] American culture.

「アメリカ文化を体験する」と考えて、experience, come into contact with などを使う。
「ふれあう」は話をしたりどこかに出かけるかして、時間を一緒に過ごすことと考える。英語はなるべく具体的に表現することが好まれる。
「子供たちと一緒に過ごす時間が多く持てていないと感じる父親が多い」と考えて、Many fathers feel that SV を使う。

演習問題 77　あなたはいつもお仕事ばかりですね。もっとご家族とのふれあいの時間を持つよう努力なさるべきです。　　　　（解答は p.114）

Questions 解答 　(1) b 　(2) a

同格節

例題 78　古代の人々は地球が丸いという事実を受け入れること
が難しかった。

Questions　(a) (b) のうち、適切なほうを選びなさい。
(1)「～という事実」は the fact that SV が　(a) 使える　(b) 使えない。
(2)「古代の人々」を主語にするのは　(a) 適切　(b) 不適切。

MODEL ANSWER

**Ancient people found it difficult to accept the fact that the earth is
round.**

It was difficult for ancient people to accept . . . と仮主語 it も可能だが、ここは
ancient people を主語にして、例題 17 の find を使って書いてみよう。

fact は同格節を導く名詞の代表例。同格名詞節は完全文になる。

【同格の fact that SV】
1. The fact that *the politician evaded taxes* is well known across the country.
「その政治家が脱税をした事実は国内で広く知られている」
【関係代名詞節の fact that SV】
2. The politician's tax evasion is a fact that *is well known across the country*.
「その政治家の脱税は国内で広く知られている事実である」

1. のイタリック部が主語・動詞・目的語がそろった完全文、2. のイタリック部分
は主語がない不完全文になっている。

同格は前の名詞を説明することが多いので、内容節とも呼ばれる。同格節を従え
る名詞は限られているので、どれが同格になる名詞かを判断するには覚えるしかな
い。

演習問題 78　日本では毎年2万人以上が自殺しているという事実に私たちはもっ
と注意を払うべきだと思う。　　　　　　　　　　（解答は p.114）

Questions 解答　(1) a　(2) a

例題 79 近い将来多くの人々が宇宙旅行を楽しめるようになる可能性は非常に低い。

Questions (a) (b) のうち、適切なほうを選びなさい。
(1)「可能性は非常に低い」は It is very unlikely that SV が (a) 使える (b) 使えない。
(2)「楽しめるようになる」を can enjoy とすると (a) 適切 (b) 不適切。

MODEL ANSWER

It is very unlikely that many people will be able to enjoy space travel in the near future.

「S が V する可能性は低い」は形容詞 unlikely（ありそうもない）を使って、It is unlikely that SV の構文で表せる。

1.「小惑星が近い将来地球に衝突する可能性は低い」
  →It is unlikely that an asteroid will collide with the earth in the near future.
2.「日本が再び軍事大国になる可能性は非常に低い」
  →It is very unlikely that Japan will become a military power again.

It is unlikely that SV のほか be unlikely to *do* の形も非常に多く使われる。

3. The weather is unlikely to improve very soon.
  「天気がすぐに回復する可能性は低い」
4. He is unlikely to get worse.「彼の容体が悪くなる可能性は低い」

「楽しめるようになる」は can enjoy は「今楽しもうと思えば楽しめる」という意味になり不適切。未来の能力を表すには will be able to enjoy とする。

演習問題 79 近い将来日本の GDP が急激に上昇するということはまずありそうにない。 （解答は p.114）

Questions 解答 (1) a (2) b

例題 80　私の兄はパソコン操作は得意ですが、人付き合いはとても苦手です。

Questions　(a) (b) のうち、適切なほうを選びなさい。
(1)「得意です」は be good at が　(a) 使える　(b) 使えない。
(2)「苦手です」は be poor at とすることは　(a) 適切　(b) 不適切。

MODEL ANSWER

My brother is good at operating computers, but very bad at socializing [mixing] with people.

「付き合う」はいろいろな表現が考えられる。「人と会話を楽しむなどして時間を過ごす」なら socialize や mix with ～ が合う。socialize（人と付き合う）は他動詞だが、socialize with ～ も可。mix with ～ は「いろいろな人と幅広く付き合う」という含みになる。男女が「付き合う」は go out with ～ や動詞 see が適切。

1.「私は彼と付き合い始めて 3 か月になります」
　　→I've been *going out with* him for three months.
　　＝I've been *seeing* him for three months.
2.「うちの娘と付き合うのはやめていただきたい」
　　→Stop *seeing* my daughter.

　be good at ～（～が得意だ）の反対の「～が苦手だ」は be bad at ～ と覚えよう。「be good at の反対は be poor at」と習った人が多いかもしれないが、be poor at は be bad at ほど一般的には使われていない。次の例のように in をつけて「不足している」の意味で使うのなら自然。

3.「日本は天然資源に乏しい」
　　→Japan is *poor in* natural resources.

演習問題 80　最近は人付き合いはうっとうしいと感じる若者が多い。

（解答は p.114）

Questions 解答　(1) a　(2) b

例題 81 偉大な音楽が人々に勇気と希望、そして生きる歓びを与えることは間違いない。

Questions (a) (b) のうち、適切なほうを選びなさい。
(1)「間違いない」は undoubtedly が (a) 使える (b) 使えない。
(2)「歓び」は pleasure が (a) 自然 (b) やや不自然。

MODEL ANSWER

Undoubtedly, great music gives people courage, hope, and the joy of life.

文修飾副詞は文全体を修飾するので、1. の evidently のように「... は明確だ」と訳すこともできる。

1. *Evidently*, the government is planning to subsidize small and medium-sized companies which are in difficulties.「政府が経営難に陥っている中小企業に補助金を出す計画を立てているのは明らかだ」

2. *Astonishingly*, Mozart began to compose at the age of five.
「驚くべきことに、モーツアルトは 5 歳で作曲を始めた」

例題の「間違いない」は There is no doubt that ... でも書けるが、undoubtedly ... と一語で書いたほうが簡潔。
次の 3. や 4. のように、文修飾副詞には enough を伴うことがある。

3. Strangely enough, the skinny old man disappeared as if by magic.
「奇妙なことに、その骨と皮のように痩せた老人はまるで魔法でも使ったように姿を消した」

4. *Interestingly enough*, what General Grant and his enemy General Mitchel had in mind at that time was exactly the same thing.「そのときグラント将軍と彼の敵であるミッチェル将軍が全く同じことを考えていたことは興味深い」

「人生の歓び」は joy of life が一般的。pleasure of life とは普通言わない。

演習問題 81 不幸なことに、両親の家はその大地震で倒壊してしまった。

（解答は p.114）

Questions 解答 (1) a (2) b

例題 82 大雪の影響で新幹線が 2 時間遅れで東京駅に着いた。

Questions (a) (b) のうち、適切なほうを選びなさい。

(1) 「影響で」は because of が (a) 使える (b) 使えない。

(2) ここでは「2 時間遅れで」は late for two hours が (a) 適切 (b) 不適切。

MODEL ANSWER

Because of the heavy snow the Shinkansen was two hours late arriving at Tokyo Station.

「〜が原因で」「〜のために」「〜の影響で」などの〜に名詞（句）が来る場合、because of 〜 で表せる。

1. 「不況のため低賃金の労働者の数が増えている」

→An increasing number of workers are poorly paid because of the recession.

2. 「野外コンサートは台風のため中止になった」

→The open-air concert was cancelled because of the typhoon.

because SV が自然な場合にも、because of 〜 を使う学習者が多いので注意しよう。

3. 「彼は飲み過ぎで病気になった」

→△He became ill *because of drinking too much*.

→○He became ill *because he drank too much*.

原因が台風や大雪や病気など、純粋な名詞（句）の場合、because of 〜 が自然になる。

late の使い方に注意。「何に遅れたか」は late for 〜 で表し、「遅れる時間」は late の直前に置く。動詞の場合は、MODEL ANSWER のように—ing 形にして late に接続する。

4. A few minutes ago, he called me, saying he'd be about 30 minutes late for the party.

「少し前に彼から電話があり、パーティーには 30 分程度遅れるとのことです」

演習問題 82 大雪の影響で列車は最寄りの駅の直前で 10 時間立ち往生していた。

(解答は p.114)

Questions **解答** (1) a (2) b

「～は当然だ［驚くことではない］」の英訳

例題83　彼が家族から嫌われているのは当然だ。家族をおろそかにしているからだ。

Questions　(a)(b)のうち、適切なほうを選びなさい。
(1)「当然だ」は no wonder が　(a) 使える　(b) 使えない。
(2)「ないがしろにする」は take ～ for granted が　(a) 使える　(b) 使えない。

MODEL ANSWER

No wonder he is disliked by his family.　He takes them for granted.

「～は当然だ［驚くことではない］」は It is no wonder that SV を覚えよう。話し言葉では It is ～ that を取り払って No wonder SV の形になる。類例を挙げる。

1. *No wonder* you're so tired.　You drove nonstop for five hours.
「あなたがものすごく疲れているのは当然だ。5時間休みなしで運転したから」

そのほか It is not [hardly] surprising that SV もよく使う。形容詞 surprising の直前にはしばしば not や hardly が来て、「～は驚きではない［当然だ］」の意味になる。

2. It is *not surprising* that he has won first prize.　He is always working so hard.
「彼が一等賞をとったのは当然だ。いつも一生懸命に努力しているから」

take ～ for granted（～を当たり前と思う）は、文脈によっては「注意や関心を怠る」という意味になる。

3. Don't take your family for granted.「ご家族をもっと大事にしなさい（＝あって当たり前と思っておろそかにしてはいけない）」

例題の「家族をおろそかにしているからだ」を Because で始めないこと。MODEL ANSWER のように書くことで because の意味合いが含まれる。

演習問題83　ジョン（John）がほぼ完ぺきな日本語を話すのは当然だ。彼は20年以上日本にいるから。　　　　（解答は p.114）

Questions 解答　(1) a　(2) a

What X is like の用法

例題 84
日が暮れたあと山中で道に迷うのがどんな気持ちがするか想像できますか。

Questions (a)(b)のうち、適切なほうを選びなさい。

(1)「どんな気持ちがするか」は what X is like が　(a) 使える　(b) 使えない。

(2)「道に迷う」は get lost が　(a) 使える　(b) 使えない。

MODEL ANSWER

Can you imagine what it is like to get lost in the mountains after dark?

What is he like? は「彼はどんな人ですか」という意味。答えとしては He is very tall.（彼はとても背が高い）や He is kind and gentle.（彼は親切で穏やかです）など、身体的特徴や性格などを言うことになる。

What is he like? の he に「〜すること」のような動詞句の内容を置きたいときは、he を仮主語 it にして、like のあとに真主語の to 不定詞句を続ける。次の構文では what it is like に状態・気持ち・感じなどの意味合いが含まれる。

1. What is *it* like *to become famous overnight*?
   「突然有名人になるというのはどんな感じなのか」

2. I wonder what *it* is like *to be left alone in an unfamiliar place*?
   「見知らぬ土地で一人ぼっちになると、どんな気持ちがするのだろうか」

3. Could you tell me what *it* is like *to be a pensioner*?
   「年金生活はどんな感じなのか教えていただけますか」

「道に迷う」は lose *one's* way や get lost を使う。「山中で」は in the mountains とする。複数にする点に注意。mountain と単数だと、山の中の洞穴のようなところで道に迷うといった意味になる。

演習問題 84
言論と表現の自由のない国で暮らすのがどのようなものか想像できますか。
（解答は p.114）

Questions **解答** (1) a　(2) a

例題 85 　高齢のドライバーの中にはブレーキを踏むべきところで誤ってアクセルを踏んでしまう人がいる。

Questions 　(a) (b) のうち、適切なほうを選びなさい。
　(1)「誤って」は by mistake が 　(a) 使える 　(b) 使えない。
　(2) この場合の「〜すべきところで」は where が 　(a) 使える 　(b) 使えない。

MODEL ANSWER

Some elderly drivers step on the accelerator by mistake when they should step on the brake.

「誤って」「間違えて」は by mistake。慣用句なので mistake に冠詞はつかない。

1. I knew his name was Jim, but I called him John *by mistake*.
   「彼の名前はジムだと知っていたが、間違えてジョンと呼んだ」

2. I said, "I have two luggages," *by mistake*. I should have said, "I have two pieces of luggage." 「誤って『私は two luggages を持っています』と言ってしまった。『私は two pieces of luggage を持っています』と言うべきだったのに」

3. I found myself wearing someone else's shoes *by mistake*.
   「気がつくと、間違えてだれかほかの人の靴を履いていた」

「. . . のところで」は「. . . のときに」と考えて when SV を使う。

「. . . がいる」に引っ張られると there are . . . を使って、There are some elderly drivers who step on . . . と書きたくなる。間違いではないが、やや冗長。Some elderly drivers を主語にしたほうが簡潔でよい。

演習問題 85 　高齢ドライバーの中には後退すべきところで誤って車を前進させてしまう人がいる。 　　　　　　　　　　　　　　　　　　　　（解答は p.114）

Questions 解答 　(1) a 　(2) b

例題 86　たいていの人々は他人から批判されるのを嫌う。しかしその批判が正しいと思うならば、受け入れたほうがいい。

Questions　(a) (b) のうち、適切なほうを選びなさい。

(1)「たいていの人々は」は most of people が　(a) 正しい　(b) 正しくない。

(2)「受け入れたほうがいい」に had better が　(a) 使える　(b) 使えない。

MODEL ANSWER

Most people do not like to be criticized by others. But if they think the criticism is right, they should accept it.

　most と most of の使い分けができない学習者が多く、×most of people という間違いが散見される。most people は漠然と「大多数の人々」を指す。「町の人々の中のほとんど」と言いたければ most *of the people in the town* とする。most of のあとは定冠詞付きの名詞や us や them など、限定された集団が来る。

1. 「この会社の従業員のほとんどが自分たちの労働環境の悪さについて不満を漏らしている」→Most of *the employees in this company* are complaining about their poor working conditions.

　同様に many of ... や some of ... も many [some] of the people in the town（町の人々の多く [何人か]）となる。

　例題の「受け入れたほうがいい」に had better accept は不自然。had better は親密な間柄の相手に対して「私の言うとおりにしておいたほうがあなたのためですよ」といった意味合いで使われ、場合によっては威圧的になる。

2. You'd better say nothing about this.
　「この件はいっさい口を閉ざしておいたほうがいい」

　助動詞 should には威圧的な意味合いはないので、should を使うのが無難。

演習問題 86　この町の高齢者は一人暮らしの人が多く、できるだけ人との接触を避けようとする。　　　　　　　　　　　　　　（解答は p.114）

Questions **解答**　(1) b　(2) b

例題 87　　今では日本人の 4 人に 1 人が 65 歳以上の高齢者である。

Questions　(a) (b) のうち、適切なほうを選びなさい。
(1) 「4 人に 1 人」は one of four ... が　(a) 正しい　(b) 正しくない。
(2) 「65 歳以上」は 65 and over が　(a) 使える　(b) 使えない。

MODEL ANSWER

Today, one out of four Japanese (people) is 65 years old or [and] over.

「日本人の 4 人に 1 人」は one out of four Japanese (people) と表現する。動詞は文頭の名詞の数に合わせる。例題は one が主語なので、動詞は is になる。次の例を参照。

1. 「このクラスの生徒の 5 人に 3 人は英語が好きだ」
→Three out of five students in this class like English.

例題では、「割合」にあたるところに percent を使うこともできる。

2. Today, 25 percent of Japanese people are 65 years old or [and] over.

動詞は percent of X の X に合わせる。ここでは Japanese people が複数なので動詞は are になる。
「65 歳以上」は 65 years old or [and] over で、years old は省略可。「30 歳以下」なら、30 years old or [and] under と表現する。

演習問題 87　　日本人の 5 人に 1 人が生涯独身のままである。　　　（解答は p.114）

Questions 解答　(1) b　(2) a

「〜するようになる」の英訳

例題 88　なぜ最近日本人のテレビ離れが進んでいるかがわかるようになった。

Questions　(a) (b) のうち、適切なほうを選びなさい。
(1)「わかるようになった」は became to understand が　(a) 正しい　(b) 正しくない。
(2)「テレビ離れ」は watch TV less and less が　(a) 使える　(b) 使えない。

MODEL ANSWER

I've come to understand [realize] why Japanese people watch TV less and less these days.

「わかるようになった」を ×became to understand とするのは誤り。become のあとに to 不定詞を続けられない。「わからなかった状態からわかる状態に変わった」といった認識の変化は come to *do* で表す。

1.「私はなぜ彼女があれほど犬を怖がるのかわかるようになった」
　→I've come to understand [realize] why she is so afraid of dogs.

「わかるようになった」が過去の状況の場合は、次のようになる。

2. I came to understand [realize] why she was so afraid of dogs.

come to (〜するようになる) が understand や realize や think や believe などの認識動詞とだけ結びつく点にも注意。study や sing や talk など、具体的な動きのある動詞と結びつくと、「来る」という本来の意味になる。

3. I've come to play baseball.「野球をするために来た」

「野球をするようになった」と言いたければ、I began to play baseball. と表す。
「テレビ離れ」は「日本人がテレビを見なくなってきた」と考えて Japanese people watch TV less and less とするが、「テレビを見る日本人の数が減った」と考えて fewer and fewer Japanese people watch TV でもよい。

演習問題 88　6歳の息子が最近サッカーをするようになりました。人から年の割には上手だねと言われるととてもうれしそうな顔をします。

(解答は p.114)

Questions 解答　(1) b　(2) a

例題 89 　確かに現代の生活は便利になった。今の若者は昔の生活がどれほど不便だったかを想像するのは難しいだろう。

Questions 　(a) (b) のうち、適切なほうを選びなさい。
　　(1) 「生活が便利」は life is convenient と　(a) 言える　(b) 言えない。
　　(2) 「生活が不便」は life is difficult と　(a) 言える　(b) 言えない。

MODEL ANSWER

Undoubtedly, life today is very comfortable [easy]. It would be difficult for today's young people to imagine how difficult [hard] life was in the past.

「便利な」に当たる形容詞のうち、convenient は時間や労力などが省けて便利だということ。convenience store は近所にあっていくつもの店に行く手間が省けることから。

1. Cars are convenient. 「車は (時間と手間が省けて) 便利だ」
2. This is a convenient place for a meeting.
　「ここは会合を開くには便利だ」

ただし、×a convenient life (便利な生活) とは言えない点も注意。

comfortable や easy は「金銭的にも苦労がなくて便利だ」という意味。a comfortable life や an easy life は「いろいろ便利なものがあって何不自由ない生活」という意味になる。

「不便だ」は「時間と労力が要求され、精神的にもストレスが多い」なら difficult が、「肉体的にきつくて不便だ」なら hard が使える。a difficult life や a hard life も可。

例題の「確かに」は evidently や clearly も可。いずれも文修飾副詞として使える。「便利になった」は現在完了ではなく現在形が自然。

演習問題 89 　便利なものが多くあるおかげで多くの時間と労力が省ける。
(解答は p.114)

Questions 解答　(1) b 　(2) a

例題 90
　どこの国でもマナーの悪い外国人観光客が問題を起こすことが多く、それが地域住民の悩みの種になっている。

Questions　(a) (b) のうち、適切なほうを選びなさい。
(1)「〜が多く、それが」の「それが」は which で受けることが　(a) できる　(b) できない。
(2)「悩みの種」は headache が　(a) 使える　(b) 使えない。

MODEL ANSWER

　In any country, ill-mannered foreign tourists often cause trouble, which is a headache for the local people.

　関係代名詞 which は直前の名詞語句を先行詞とすることが多い。次の例では This copier が先行詞になっている。
1. This copier, which I bought last year, is very useful.
　　「このコピー機は昨年買ったものだが、とても役に立つ」

　関係代名詞 which には、前の文全体を先行詞とする用法がある。次の例では、コンマ付きの非制限用法の which が、先行詞として前文全体を受けている。
2. I told her that she was rude, *which* made her angry.
　　「私は彼女に無礼だと言ったが、そのことで彼女は怒った」
3. Nobuo was born and brought up in Britain, *which* makes him different from his colleagues.
　　「信夫はイギリス生まれのイギリス育ちで、その点が同僚と異なるところだ」

　なお、関係代名詞 that にはこの用法はない。
　「悩みの種」には headache のほか、problem も使える。

演習問題 90　日本に来る外国人観光客の中にはマナーの悪い人たちがいて、それが地域住民には困った問題になっている。　　　　（解答は p.114）

Questions　解答　(1) a　(2) a

「困る」の英訳

例題91 うちの学校の困った点はくだらない校則が多すぎることだ。

Questions (a) (b) のうち、適切なほうを選びなさい。
(1)「困った点」は trouble が (a) 使える (b) 使えない。
(2)「くだらない ...」に that SV が (a) 使える (b) 使えない。

MODEL ANSWER

The trouble [problem] with our school is that there are too many bad [absurd] rules.

「困った点」に trouble や problem を用いる場合、「〜の (困った点)」に of ではなく with を使う点に注意。この with は「〜に関しての」という意味。次の例は、1. は「あなたに関して」、2. は「私に関して」という意味。とくに 2. は with でなく for を使う間違いが多いので注意。

1. What's the matter *with* you?「どうなさったのですか」
2. Friday is fine *with* me [×for me].「金曜日が都合がいいです」

なお、「困る」は be at a loss も押さえておこう。be at a loss は「頭が混乱してどうしていいか [何を言っていいか] わからない」といった場合によく使われる。

3.「私たちはどうしても彼の経済的な援助が必要なのに、彼が行方不明なのです。私たちは全くどうしていいかわからず困り果てています」
  →We are desperate for his financial help, but he is missing. We are completely at a loss.

例題は後半を that SV で名詞節にまとめる点がポイント。
「くだらない」は「よくない」と考えて bad で十分。absurd (理に合わない) や unreasonable (理不尽な) も使えるが、必ず元の意味合いを押さえた上で使うこと。

演習問題91 うちの学校の困った点は学食の食事がまずいことだ。(解答は p.116)

Questions 解答 (1) a (2) a

「残念」の英訳

例題 92　民主主義は必ずしも効率的でないと考える人が多いのは残念なことだ。

Questions　(a) (b) のうち、適切なほうを選びなさい。
(1)「残念なこと」に pity は　(a) 使える　(b) 使えない。
(2)「効率的だ」に effective は　(a) 適切　(b) 不適切。

MODEL ANSWER

It's a pity [shame] that many people believe that democracy is not necessarily efficient.

「～は残念だ」は a pity や a shame を使って It's a pity [shame] that SV を用いる。

1.「あなたが私たちの提案にほとんど注意を払わなかったことは残念です」
→It's a pity [shame] that you paid little attention to our suggestion.

2.「あなたが私たちの計画に反対なのは残念です」
→It's a pity [shame] that you are opposed to our plan.

そのほかに、sorry も使える。

3.「あなたが選挙で落選なさったとお聞きして残念です」
→I'm sorry to hear that you've lost the election.

4.「これを申し上げるのは残念ですが、わが社はもうあなたを必要としていません」→I'm sorry to say this, but we don't need you any more.

「効率的な」は effective や efficient があるが、effective が「効果がある」、efficient は「効率［能率］が良い」の意味で、違いがある。「よく効く薬」は an effective medicine というが ×an efficient medicine とは言わない。「燃費効率の良い車」は a fuel-efficient car とは言うが、×a fuel-effective car とは言わない。

演習問題 92　日本の小学生の中に理科嫌いな子が少なくないのは残念なことだ。
（解答は p.116）

Questions 解答　(1) a　(2) b

例題 93　私は宇宙飛行士の一人として宇宙から地球を眺めることの素晴らしさをあなた方にお伝えしたいと思う。

Questions (a) (b) のうち、適切なほうを選びなさい。

(1)「素晴らしさ」は名詞で書くのが　(a) 自然　(b) 自然とは言えない。

(2)「伝える」は say が　(a) 適切　(b) 不適切。

MODEL ANSWER

As an astronaut, I'd like to tell you how wonderful it is to look at the earth from outer space.

「楽しさ」「難しさ」「つらさ」「愚かしさ」「おいしさ」など形容詞を名詞化した「〜さ」の英訳は、「いかに〜か」「どれほど〜か」と発想を変えて、how＋形容詞[副詞]＋SV で訳すとよい。

1.「私は彼の愚かしさがわかるようになってきた」

　→I'm beginning to realize *how foolish he is.*

2.「このマシーンを使ってみたら、その効率の良さがわかります」

　→Use this machine, and you'll realize *how efficient it is.*

3.「ほとんどの母親は子育ての難しさを知っている」

　→Most mothers know *how difficult it is to raise their children.*

和文英訳では日本語の単語をすべて英語の単語で置き換えるのではなく、発想を変えて自然な英語表現に置き換えるようにしたい。

「あなた方に伝える」の「伝える」には tell を使う。tell は「〜に」にあたる間接目的語が必要なので、tell you . . . とする。

「宇宙」は the universe のほか、outer space もよく用いられる。

演習問題 93　何か新しいものを作り出そうと必死に努力している者だけがその難しさを知っている。　　　　　　　　　　　　　　　（解答は p.116）

annoy, annoying の用法

例題 94　酒に酔った連中が路上で大声でわめいているのを見るのは実に不愉快だ。

Questions　(a) (b) のうち、適切なほうを選びなさい。
(1) be annoyed は be angry よりも怒りの度合いは　(a) 強い　(b) 弱い。
(2)「大声でわめく」は shout で　(a) 表せる　(b) 表せない。

MODEL ANSWER

It's really annoying to see drunken people shouting on the road.

　annoy（～を不愉快に［いらいら / 立腹］させる）と angry（立腹して）の怒りの度合い違いを理解していない学習者が多い。angry は大声でわめきたいほどの強い怒りを、annoy は不快な気分になっていることを表す。annoy のほうが怒りの度合いが小さく、動詞 annoy（～を不快にする）のほか、過去分詞から派生した形容詞 annoyed（不愉快にさせられて）と、現在分詞から派生した形容詞 annoying（不愉快な、腹が立つ）がある。

1. You're beginning to *annoy* me.
   「あなたを見ていてだんだん不愉快になってきた」
2. I was annoyed by the way my boss talked to me.
   「上司の私に対する話しぶりに不愉快な気分になった」
3. It's really annoying to see someone jump the line [queue].
   「列に割り込んでくる人間を見ると本当に腹が立つ」

3. の It's annoying to *do* は 2. の be annoyed で書くことも可能。
3′ I was really annoyed to see someone jump the line [queue].

同様に、例題をこの構文で書くと次のようになる。
4. I'm really annoyed when I see drunken people shouting on the road.

演習問題 94　道路を逆走している自転車を見ると実に不愉快だ。（解答は p.116）

Questions 解答　(1) b　(2) a

「〜するには...しさえすればよい」の英訳

例題 95　水というものの神秘性を理解するにはこの本の最初の数ページを読みさえすればよい。

Questions　(a)(b) のうち、適切なほうを選びなさい。
(1) ここでは have only to *do* が　(a) 使える　(b) 使えない。
(2)「神秘性」は名詞表現で　(a) 表すべき　(b) 表すべきではない。

MODEL ANSWER

You have only to read the first few pages of this book to see [realize] how mysterious water is.

「あなたは毎日数分運動しさえすればいい」を英訳させると、次のような英文を書く学習者が多い。

△You have only to exercise for a few minutes every day.

have only to *do* は「〜するためには」という目的を表す to 不定詞を文末か文頭に置くのが一般的。上の英文を自然にするのには、「体重を減らすためには」など目的を表す表現を付加する (1. のイタリックの部分は文頭でも可)。

1. You have only to exercise for a few minutes every day *to lose weight.*
2. You have only to talk to him for a little while to see how smart he is.
   「彼の頭の良さを知るには彼とほんの少し言葉を交わしてみさえすればいい」

ただし、次の構文を使うと目的を表す to 不定詞句を伴う必要はない。また、この構文では is の次の動詞は to 無しの原形が一般的。

3. *All you have to do* is exercise for a few minutes every day.
4. *All you have to do* is work hard. 「あなたは一生懸命働きさえすればいい」

例題の「神秘性」は例題 93 の「〜さ」と同様、「いかに〜か」と発想を変えると自然な英語になる。

演習問題 95　彼女の社交好きは彼女と数分話をするだけでわかる。

(解答は p.116)

Questions 解答　(1) a　(2) b

「がっかりした」の英訳

例題 96　3日前、生まれて初めてアメリカ人と英語で話したが、私の英語が全く通じないのでがっかりした。

Questions　(a) (b) のうち、適切なほうを選びなさい。
(1)「英語で話す」は say ～ in English が　(a) 適切　(b) 不適切。
(2)「がっかりした」に disappointed は　(a) 使える　(b) 使えない。

MODEL ANSWER

Three days ago I talked to an American in English for the first time in my life. I was disappointed to find that he [she] didn't understand my English at all.

「～と英語で話をする」は talk to [with] ～ in English が自然な表現。say は言う内容重視型の動詞なので、この場合は不適切 (例題 14 を参照)。

「話したが」の「が」には but を使わずに、ピリオドで文をいったん切る。but は I like John, but he doesn't like me. (私はジョンが好きだが、彼は私を嫌っている) のように、前後に明確な逆接関係がある場合にのみ使うこと。

「がっかりした」は他動詞 disappoint (がっかりさせる) から派生した disappointed か disappointing を使う (例題 94 を参照)。人称主語なら I was disappointed to find that SV とする。

「通じないので」は、理由づけを表に出して I was disappointed because SV も可。また、It was disappointing to find that SV としてもよい。

「私の英語が全く通じなかった」は He [She] didn't understand my English. (相手が私の英語を理解しなかった) と単純に書くのが最も自然。ただし、make *oneself* understood (自分を理解させる) を使って、後半は次のように書いてもよい。

1. I was disappointed to find that I couldn't make myself understood.
2. I was disappointed because I couldn't make myself understood.

演習問題 96　私はその大臣が「その件につきましては申し訳ありませんが、記憶にございません」と言ったのにはがっかりした。　（解答は p.116）

Questions 解答　(1) b　(2) a

「~になったのはつい最近のことだ」の英訳

例題 97　電気自動車が妥当な価格で入手できるようになったのはつい最近のことだ。

Questions　(a) (b) のうち、適切なほうを選びなさい。
(1)「つい最近」に only recently は　(a) 適切　(b) 不適切。
(2)「入手できる」は available が　(a) 使える　(b) 使えない。

MODEL ANSWER

It is only recently that electric cars have become available at reasonable prices.

「~になったのはつい最近のことだ」は it is only recently that SV で表せる。その際、SV の時制は現在完了が適切。一般に recently は現在完了か過去時制の構文に使われる。

1.「日本の観光産業は最近深刻な不況に見舞われている」

　→The tourist industry in Japan has recently been in serious recession.

2.「私は最近トム (Tom) に会った」→Recently I met Tom.

どちらにも recently があるが、1. は近い過去から現在に至るまでの幅のある時間を表しているので現在完了になる。2. は 3 日前などの、ある特定の過去の時点を意味しているので過去時制になる。例題は 1. のパターン。

available (手に入る、活用できる) は使用頻度が高い形容詞。次の例を参照。

3.「最近では必要な情報は図書館よりもインターネットのほうが簡単に手に入る」

　→These days, information you need is more easily available on the Internet than from a library.

reasonable は「妥当な」「無理のない」「納得のいく」などの意味で使われる形容詞。a reasonable price と言えば「手の届く範囲の価格」という意味になる。

演習問題 97　ラグビーが日本で人気が出るようになったのはつい最近のことだ。
(解答は p.116)

Questions 解答　(1) a　(2) a

「識別する」「認識する」の意味を表す tell の用法

例題 98　ある人物が誠実かどうかは顔を見ただけではわからない。

Questions　(a) (b) のうち、適切なほうを選びなさい。
(1)「わからない」に cannot tell は　(a) 使える　(b) 使えない
(2)「～だけでは」に simply [merely] by ～が　(a) 使える　(b) 使えない。

MODEL ANSWER

You cannot tell whether someone is honest or not simply [merely] by looking at his or her face.

　動詞 tell は助動詞の can とセットで「識別する」「認識する」「わかる」という意味で使われることも多い。また、tell のこの用法では tell you の you のような「誰に」が不要である点がポイントになる。

1. He says he can tell genuine pearls from false ones.
　「彼は本物の真珠と偽物の真珠の識別ができると言っている」
2. He cannot tell the difference between what Clerk says and what James says.
　「彼にはクラークが言っていることと、ジェイムズが言っていることの違いがわからない」

　また、この tell は wh- 節を目的語にとることが多いことにも注意。

3. You cannot tell what someone is thinking merely by talking to him or her for one or two hours.
　「ある人物が何を考えているかは 1 時間や 2 時間話しただけではわからない」

　例題のように主語が一般的な人の場合は you が適切（例題 54 を参照）。「ある人物」は someone で表し、「その人物の顔」というときは、性別が不明なので his or her face とする。

　「誠実」は、人をだましたり、うそを言わない人柄を表すと考えると honest が最適。

　「～するだけでは」は simply [merely] by —ing の形を使う。

演習問題 98　ある人物がどんな人間かは数分話しただけではわからない。

（解答は p.116）

Questions 解答　(1) a　(2) a

— 99 —

「感動的」の英訳

例題 99　そのがん患者の話はとても感動的だったので私は涙を止めることができなかった。

Questions　(a) (b) のうち、適切なほうを選びなさい。
(1)「感動的」に moving は　(a) 使える　(b) 使えない。
(2)「涙を止めることができなかった」に cannot help —ing は　(a) 使える　(b) 使えない。

MODEL ANSWER

The story of the cancer patient was so moving [touching] that I could not help crying.

「感動する」「感動的な」は、内容によって使うべき表現を変える必要がある。ノーベル賞受賞者のスピーチのように称賛と尊敬の念を引き起こす感動なら、be impressed by [with] 〜 を使う（例題 8 を参照）。また、「感動的な演説」は形容詞 impressive を使って an impressive speech とする。それに対して、**思わず涙がわいてくるような、悲しみや同情の念を引き起こされるような場合には** moving や touching が妥当。次の例を参照。

1. The story of the guide dog was so moving [touching].
「その盲導犬の話はとても感動的だった」

2. His moving speech reminded the audience of the importance of fighting against racism. 「彼の感動的なスピーチは人種差別と闘うことの重要性を聴衆に思い起こさせた」

　例題のがん闘病の話は、聞く人に深い同情の念を引き起こすものが多いので moving や touching を使い、全体としては so 〜 that SV の構文で書くといいだろう。
　cannot help —ing を使う場合、help の次に来る動詞は、自分の意志で左右することのできない cry や laugh や feel や love などの動詞が来る。したがって、cannot help の次に、studying や playing などの意図的動作を表す動詞を置くのは不自然。

演習問題 99　世の中には人々がこれまで自由獲得のためにどれほど懸命に戦ってきたかについての感動的な物語が多くある。　　　　（解答は p.116）

Questions 解答　(1) a　(2) a

「勇気づける」「元気づける」「励ます」の英訳

例題 100 難病を乗り越えるためにあらゆる努力をしている人の姿を見るのは本当に勇気づけられる。

Questions (a) (b) のうち、適切なほうを選びなさい。
(1) 「あらゆる努力をする」に make every effort は　(a) 使える　(b) 使えない。
(2) 「勇気づけられる」に encouraging が　(a) 使える　(b) 使えない。

MODEL ANSWER

It is really encouraging to see people making every effort to overcome their serious diseases.

「勇気づける」「元気づける」「励ます」に当たる英語としては、動詞 encourage、形容詞 encouraging がある。最近よく使われる「元気をもらう」も encourage や encouraging で表せる。次の 1. と 2. は動詞 encourage、3. と 4. は形容詞 encouraging を使っている。

1. 「父は私に作曲家になれと励ましてくれた」
   →My father encouraged me to become a composer.
2. 「私は彼女の提案に勇気づけられた」→I was encouraged by her suggestion.
3. 「彼のアドバイスにかなり元気をもらった」→His advice was very encouraging.
4. 「お年を召した方たちが一生懸命働いている姿を見るとものすごく元気をもらいます」→It is very encouraging to see elderly people working so hard.

「あらゆる努力をする」は make every effort が使える（例題 57 を参照）。struggle hard も可。

全体は It is encouraging to see . . . の形が妥当。

「難病」は serious disease という表現が一般的。例題の「姿」は無理に英訳に出す必要はない。

演習問題 100 ある仏教のお坊さんが、「死はすべての終わりではなく、新たな旅の始まりなのです」とおっしゃるのを聞いて、たいへん勇気づけられた。 （解答は p.116）

Questions 解答　(1) a　(2) a

PART II 演習問題集

(1) ここでは左側の日本文を見てどのくらい早く右側の英文が口頭で言えるか が学習のポイントです。

(2) 1〜3秒で英文が言えればその英文はよく習得していることになります。

(3) 5秒以上かかるようならばその英文の理解が不充分ということになります。 その場合はPART Iの例題にもどって読み返してください。

演習問題

演習問題 1	自動運転の車が普及するのはそう遠い先のことではないだろう。
演習問題 2	海洋汚染をこれ以上悪化させないようにすべき時だ。
演習問題 3	ジョン（John）が日本で英語を教えるようになって 5 年がたった。
演習問題 4	そんな要求のきつい仕事を 3 日で終えるなんて私にはまったくできない。
演習問題 5	私は日本に来て 3 年後に日本人女性と結婚しました。
演習問題 6	先日久しぶりにおじに会った。少しも変わった様子はなかった。
演習問題 7	70 歳になったとき、私はまだ働いているだろうか。
演習問題 8	私はロンドンに行くたびに必ず大英博物館を訪れる。
演習問題 9	日本は 1945 年の太平洋戦争終了後現在まで平和国家であり続けている。
演習問題 10	神が存在するかどうかについてこれまで多くの議論がなされてきた。
演習問題 11	我々がこのスーパーコンピュータを開発するのに 10 年を要した。
演習問題 12	私には介護が必要な祖母がいます。
演習問題 13	父は私に対していつもあれをせよこれをせよと指図ばかりする。

解　答

It won't be long before self-driving cars are widely used.
㊟ widely の代わりに commonly も可。

It is time to stop marine pollution from getting worse.

Five years have passed since John began to teach English in Japan.
㊟ It's five years since . . . でも可。

It's impossible for me to finish such a demanding job in three days.

I married a Japanese woman three years after I came to Japan.

A few days ago I met my uncle for the first time in ages. He hadn't changed at all.
㊟ 後半の文を didn't change としないこと。

Will I be still working when I am 70?

Every [Each] time I go to London, I never fail to visit the British Museum.
㊟ I never fail to visit the British Museum の部分は I visit the British Museum without fail でも可。

Japan has been a peaceful country since the end of the Pacific War in 1945.

There has been much discussion about whether God exists or not.

It took us ten years to develop this supercomputer.
㊟ It took ten years for us to . . . でも可。

I have a grandmother to take care of.

My father is always telling me what to do.

演習問題 14 ジョン (John) はもう十分親の忠告の大切さがわかるはずの年齢だ。

演習問題 15 私たちは興奮しすぎてじっと座っていられなかった。

演習問題 16 運転中突然眠くなった。眠り込まないようにコーヒーを飲んだ。

演習問題 17 私は外国に行って視野を広げることはたいへん興味深いことがわかった。

演習問題 18 CO₂は地球温暖化の原因ではないと主張する人が少なくないと知って驚いた。

演習問題 19 私は努力家だと言われているが、実際には家で何時間も何もせずに過ごすのが好きだ。

演習問題 20 今年85になる吉田氏はさみしがり屋の老人だと思われているが、実際にはたくさんの人たちと交わり、楽しい時間を過ごしている。

演習問題 21 私は日本の学生はもっと政治に関心を持つ必要があると思います。

演習問題 22 私の叔父は今年80歳になります。10年前に奥さんを亡くし、それ以来ずっと一人暮らしです。先日様子を見に叔父の家に行ってきました。

演習問題 23 自分がやりたくないことをやり続けていたら大いにストレスがたまるだろう。

演習問題 24 哲也は人柄がいいのでその土地の人たちと仲良くなるのに何の苦労もないだろう。

演習問題 25 私が再び彼らと会う日が果たしてくるのだろうか。

演習問題 26 あなたももう18になったから、選挙権があるよ。

演習問題 27 昔の自分は気に入っていました。10年前はもっと自分に自信がありました。

演習問題 28 君は数年前に初めて会ったときよりも幸せそうに見える。

John is old enough to understand how important his parents' advice is.

㊟ how important his parents' advice is の部分は the importance of his parents' advice
でも可。

We were too excited to sit still [quietly].

I suddenly became sleepy while driving. I drank some coffee so as not to fall asleep.

I found it very interesting to broaden [expand] my horizons by going abroad.

I was surprised to find [see] that quite a few [many] people argue that CO_2 is not responsible for global warming.

I am said to be hardworking, but in fact I like to spend hours doing nothing at home.

㊟ People [They] say that I'm hardworking ... でも可。

Mr. Yoshida, who is 85, is thought to be a lonely old man, but in fact he is having a good time mixing with a lot of people.

I think it is necessary for Japanese students to become more interested in politics.

My uncle is 80 years old. Ten years ago his wife died [passed away], and since then he has lived by himself. The other day I went to his house to see how he was doing.

If you keep (on) doing things you don't like to do, you will be under great stress.

Tetsuya is so pleasant that he will have no difficulty making friends with the local people.

I wonder if the day will come when I will meet them again.

Now (that) you are eighteen, you have the right to vote.

I loved the way I was. I was more confident in myself ten years ago.

You look happier than when I first met you a few years ago.

演習問題 29　健太はまるで見てきたかのようにその交通事故について話した。

演習問題 30　私は体が健康な限り、こういう風に一生懸命働き続けるつもりです。

演習問題 31　丘の上から下を眺め下した。見渡す限り、トウモロコシ畑だった。

演習問題 32　あなたがここにいらっしゃるころには会議は終わっているでしょう。

演習問題 33　杉田氏は海外暮らしが長かったという点で私たちとは違う。

演習問題 34　もし父が生きていたら私にもっと前向きにものごとを考えろと言うだろう。

演習問題 35　あと 20 秒早く列車がスピードを落とし始めていたら、あの悲惨な事故は起こらなかっただろう。

演習問題 36　歩きスマホは大変危険だ。

演習問題 37　私はホワイト（White）氏の不誠実な意図を知りながら、彼の申し出を受け入れた。

演習問題 38　テッド（Ted）の話しぶりから判断するとかなり教養があるように思える。

演習問題 39　今のこの町は 20 年前とは全く違っている。

演習問題 40　アレックス（Alex）の父は以前は有名なオーケストラでチェロを弾いていたので、クラシック音楽をよく知っています。

演習問題 41　ここの図書館の蔵書数はあの図書館の 10 倍です。

演習問題 42　この新しい家は私が数か月前まで住んでいたアパートよりも 3 倍も広い。

演習問題 43　それは青森では 60 年ぶりの大雪だった。

演習問題 44　山形の人たちはあんな大雪は経験したことがないと言った。

Kenta talked about the car crash as if he had seen it.
㊟ the car crash の代わりに the traffic accident も可。

As long as I'm in good health, I'll go on working hard like this.
㊟ go on working hard は continue to work hard でも可。

I looked down from the hilltop. As far as the eye could see, cornfields stretched.

By the time you come here, the meeting will be over.

Mr. Sugita is different from us in that he lived abroad for such a long time.

If my father were [was] alive, he would tell me to think more positively.
㊟「ものごと」を英訳する必要はない。同様のことは「本を読む」(read)、「ものを食べる」(eat) などでも言える。

If the train had started to slow down twenty seconds earlier, that terrible [tragic] accident would not have happened.

Using a smartphone while walking is very dangerous.

I accepted Mr. White's offer, knowing his dishonest intention.

(Judging) from the way Ted talks, he seems to be well educated.

This town today is totally different from what it was 20 years ago.

Alex's father, who used to be a cellist in a famous orchestra, is familiar with classical music.

This library has ten times as many books as that one.

This new house is three times as large as the apartment where I lived until a few months ago.

That was the heaviest snow [snowfall] in 60 years in Aomori.

The people in Yamagata said that that was the heaviest snow [snowfall] they'd ever had.

演習問題 45 今回の韓国旅行は意外にも楽しかった。

演習問題 46 最近では現金を使う頻度が以前に比べて下がってきている。

演習問題 47 仲良しの友達とおいしい食事をすることほど私にとって幸せなことはありません。

演習問題 48 AI はこの 20 年で著しい進歩を遂げた。今ではかって人間がやっていた多くの仕事を AI がやるようになっている。

演習問題 49 今日、アフリカの国の多くは 100 年前に比べるとはるかに文明度が進んでいる。

演習問題 50 まさと君の意見は君の意見と同じくらい説得力がある。

演習問題 51 彼は世の中で自分が一番頭がいいと信じているタイプの人間です。

演習問題 52 重要なのは長生きするかどうかではなく、どう自分の人生を生きるかだ。

演習問題 53 林の中に長くいればいるほどゆったりした気分になった。

演習問題 54 人間は金を持てば持つほど金を欲しがるものだ。

演習問題 55 時には、好むと好まざるとにかかわらず、それをやるほかはない、という場合がある。

演習問題 56 たとえ状況が悪くなっても、我々は計画を変更することはしない。

演習問題 57 どんなに頑張っても周囲の人たちとうまくやっていけないときがある。

演習問題 58 どんなことがあっても私はあなたの味方です。

演習問題 59 どの国に行っても、英語が話せれば何とか生き残っていけます。

演習問題 60 多くの人が今世紀はテロリストの数が増えるだろうと考えている。

演習問題 61 現在の割合で少子高齢化が進めば日本はどうなるだろうか。

My recent trip to Korea was more enjoyable than I'd [I had] expected.

These days, using cash is becoming less frequent than before.

Nothing makes me happier than eating good food with good friends.

AI has made remarkable progress in the last two decades. Today, AI is doing many jobs that used to be done by humans. 注 two decades の代わりに 20 years も可。

Today, many countries in Africa are far more civilized than they were a hundred years ago.

Masato's opinion is as convincing [persuasive] as yours.

He is the kind of guy [person] who believes (that) he is smarter than anyone else.

What is important is not whether you live long or not, but how you live your own life.

The longer I stayed in the woods, the more relaxed I was.

The more money one has, the more money one wants.

On some occasions, you have no choice but to do something, whether you like it or not.

Even if things get worse, we won't change our plan.

No matter how hard you try, you sometimes can't get along with the people around you.

No matter what happens, I'll be on your side.

No matter what country you visit, you'll be able to survive somehow if you can speak English.

Many people think that there will be more terrorists in this century.

What will happen to Japan if the number of children keeps (on) decreasing and the number of elderly people keeps (on) increasing at the present rate?

演習問題 62 最近車を欲しがる日本の若者はだんだん減ってきている。

演習問題 63 貧乏になって初めてお金のありがたみがわかる。

演習問題 64 昨日5年ぶりにジョージ（George）から電話があった。最初に彼が言ったのは「おい、淳平おれだ。わかるかい」だった。

演習問題 65 あなたにとってこの本は無意味かもしれないが、私は意義深いと思います。

演習問題 66 今、その国は深刻な食糧不足、水不足、電力不足に悩まされている。

演習問題 67 私は息子が本当に医者になりたがっているのかどうか確かめるために彼と話すつもりだ。

演習問題 68 あなたの指の状況はかなり悪い。ピアノの練習はもうあきらめたほうがいいでしょう。

演習問題 69 私は子どもたちの世話にほとんどの時間を使っているので、新しい本を書くことはあきらめなければいけないでしょう。

演習問題 70 航空機は乗客が長距離を短時間で移動することを可能にした。

演習問題 71 アインシュタイン（Einstein）の理論のおかげで人類は時間と空間の本質について理解するようになった。

演習問題 72 この書物はあなたがフランス文化を理解するのに大いに役立つでしょう。

演習問題 73 昨日ひそかにあこがれている女の子から話しかけられた。僕はすっかり上がってしまい、何と言っていいかわからなかった。

演習問題 74 阿部君があなたに冷たい態度をとることがあるからといって、それであなたが彼を憎む十分な理由にはならない。

演習問題 75 私の夢は世界的ピアニストになることです。私はこの夢の実現に全力を尽くします。

These days, fewer and fewer young Japanese (people) want cars.
㊟ fewer and fewer の部分を less and less とするのは標準的英語とは言えない。few は可算名詞と、less は不可算名詞と組み合わせるのが自然。

You realize how valuable money is only when you become poor.

Yesterday I got a phone call from George for the first time in five years. The first thing he said was, "Hey, Junpei, it's me. Do you recognize my voice?"

You may find this book meaningless, but I find it meaningful.

Today, that country is suffering from a serious shortage of food, water and electricity.

I'm going to talk to my son to see if [whether] he really wants to be a doctor.

You have a serious problem with your fingers. You'd better give up practicing the piano.

I'm spending most of my time taking care of my children, so I'll have to give up the idea of writing a new book.

Airplanes have made it possible for passengers to travel long distances in a very short time.

Einstein's theories enabled human beings to understand the nature of time and space. ㊟ 英語の nature は「自然」という意味のほかに「物事の本質」という意味でもよく使われる。

This book will greatly help you (to) understand French culture.

Yesterday a girl I secretly admire spoke to me. I was so nervous that I didn't know what to say.

Just because Abe is unfriendly to you once in a while, it doesn't mean you have good reason to hate him.

My dream is to be [become] a world-famous pianist. I'll do all I can to make it come true.

演習問題 76 政治家の数は多いがベテラン政治家は非常に少ない。

演習問題 77 あなたはいつもお仕事ばかりですね。もっとご家族とのふれあいの時間を持つよう努力なさるべきです。

演習問題 78 日本では毎年2万人以上が自殺しているという事実に私たちはもっと注意を払うべきだと思う。

演習問題 79 近い将来日本のGDPが急激に上昇するということはまずありそうにない。

演習問題 80 最近は人付き合いはうっとうしいと感じる若者が多い。

演習問題 81 不幸なことに、両親の家はその大地震で倒壊してしまった。

演習問題 82 大雪の影響で列車は最寄りの駅の直前で10時間立ち往生していた。

演習問題 83 ジョン（John）がほぼ完ぺきな日本語を話すのは当然だ。彼は20年以上日本にいるから。

演習問題 84 言論と表現の自由のない国で暮らすのがどのようなものか想像できますか。

演習問題 85 高齢ドライバーの中には後退すべきところで誤って車を前進させてしまう人がいる。

演習問題 86 この町の高齢者は一人暮らしの人が多く、できるだけ人との接触を避けようとする。

演習問題 87 日本人の5人に1人が生涯独身のままである。

演習問題 88 6歳の息子が最近サッカーをするようになりました。人から年の割には上手だねと言われるととてもうれしそうな顔をします。

演習問題 89 便利なものが多くあるおかげで多くの時間と労力が省ける。

演習問題 90 日本に来る外国人観光客の中にはマナーの悪い人たちがいて、それが地域住民には困った問題になっている。

There are many politicians, but very few of them are experienced ones.

You are always too busy with your work. You should try to have more time to spend with your family.

I think we should pay more attention to the fact that more than twenty thousand Japanese (people) kill themselves [commit suicide] each year.

It is very unlikely that Japan's GDP will rise sharply in the near future.

These days, many young people feel that socializing [mixing] with people is troublesome [irksome].

Unfortunately, my parents' house collapsed [fell down] because of the big earthquake.

Because of the heavy snow the train was stuck for ten hours just in front of the nearest station.

No wonder John speaks almost perfect Japanese. He has lived in Japan for more than twenty years. ㊟「日本にいるから」の部分で because を使う必要はない。

Can you imagine what it is like to live in a country in which there is no freedom of speech and expression?

Some elderly drivers move their cars forward by mistake when they should back them.

Many (of the) elderly people in this town live by themselves, and try to avoid contact with others as much as possible.

One out of five Japanese (people) remains single [unmarried] all his or her life.

My six-year-old son recently began to play soccer. He looks very happy when someone tells him he is good at it for his age. ㊟ six-year-old を ×six-years-old としないこと。複合形容詞の場合、year は単数にするのが正しい。

Many convenient things save you a lot of time and energy.

Some foreign tourists visiting Japan are ill-mannered, which is a problem [headache] for the local people.

演習問題 91　うちの学校の困った点は学食の食事がまずいことだ。

演習問題 92　日本の小学生の中に理科嫌いな子が少なくないのは残念なことだ。

演習問題 93　何か新しいものを作り出そうと必死に努力している者だけがその難しさを知っている。

演習問題 94　道路を逆走している自転車を見ると実に不愉快だ。

演習問題 95　彼女の社交好きは彼女と数分話をするだけでわかる。

演習問題 96　私はその大臣が「その件につきましては申し訳ありませんが、記憶にございません」と言ったのにはがっかりした。

演習問題 97　ラグビーが日本で人気が出るようになったのはつい最近のことだ。

演習問題 98　ある人物がどんな人間かは数分話しただけではわからない。

演習問題 99　世の中には人々がこれまで自由獲得のためにどれほど懸命に戦ってきたかについての感動的な物語が多くある。

演習問題 100　ある仏教のお坊さんが、「死はすべての終わりではなく、新たな旅の始まりなのです」とおっしゃるのを聞いて、たいへん勇気づけられた。

The trouble [problem] with our school is that they serve terrible food at the cafeteria. ㊟ ここでの they は漠然と、食堂の経営者も含めて食堂の側の人々を指す。

It's a pity [shame] that quite a few Japanese schoolchildren dislike science.

Only those who are struggling hard to create something new know how difficult it is.

It's really annoying to see a bicycle going on the wrong side of the road.

You have only to talk to her for a few minutes to see how sociable she is.
㊟ You have only to は You just have to でも可。

I was disappointed to hear the minister say, "Sorry, I don't remember that."

It is only recently that rugby has become popular in Japan.

You cannot tell what someone is like simply by talking to him or her for a few minutes.

There are so many moving stories of how hard people have struggled for freedom.
㊟「世の中には」は訳出する必要はない。

It was really encouraging to hear a Buddhist monk say, "Death is not the end of everything; it is just the beginning of a new journey."

PART III 自由英作文演習

(1) 必ず内容例に沿って自分なりの答案を書いてください。

(2) 自分の答案と MODEL ANSWER を比べてみてください。

(3) MODEL ANSWER を暗唱できるまでしっかり読み込んでください。

近年 AI の進歩は著しいものがありますが、AI の進歩がもたらすと考えられるプラス面とマイナス面について 100 語程度の英語で書きなさい。

内容例 以下の内容に沿って答案を作成してみましょう。

(1) AI の発達した一例として自動運転車を取り上げる。

(2) プラスの面として自動運転車が人間を運転作業から解放することを挙げる。

(3) プラス面として自動運転車によって生活がより便利になることに言及する。

(4) マイナス面として、AI が発達しすぎると人間のほとんどの仕事が奪われることになる点に言及する。

(5) それによって人間が怠惰になりすぎてやがて人類は滅亡するかもしれないという危惧を述べる。

作成した答案を以下の MODEL ANSWER と比較してみましょう。

MODEL ANSWER

① AI has made remarkable progress in the last two decades. ② Take as an example self-driving cars. ③ It could be said that self-driving cars are AI cars. ④ It won't be long before they are widely used. ⑤ What is amazing about them is that they can free human drivers from driving. ⑥ Self-driving cars will surely make life much easier. ⑦ One worry about AI, however, is that if it progresses too much and begins to do almost all the jobs that humans are doing now, humans will become too lazy, and not want to do anything. ⑧ I'm afraid that might cause the extinction of mankind in the not too distant future. (108 words)

① AI はここ 20 年の間に著しく進歩しました (☞例題 48 参照)。② 一つの例として自動運転車を取り上げてみましょう。③ 自動運転車は AI 車ということができるでしょう。④ 自動運転車が広く普及するのはそれほど遠い将来のことではないでしょう (☞例題 1 参照)。⑤ 自動運転車の素晴らしい点は人間の運転者が運転しなくてよいようにできることです。⑥ 自動運転車は確実に生活をこれまでよりもはるかに便利にするでしょう (☞例題 89 参照)。⑦ しかし、AI に関する一つの不安は、もし AI が発達しすぎて、今人間がやっている仕事のほとんどを AI がやり始めたら、人間はあまりにも怠惰になりすぎて何もしたいと思わなくなるかもしれないということです。⑧ 私はそれがそれほど遠くない未来に人類が滅亡する原因になるかもしれないと思うのです。

〈個別の英文について〉

③ の It could be said that ～ は「that 以下のことが言えるだろう」という控えめな主張の表現。⑤ の amazing はまるで奇跡のような素晴らしさ、驚くべきことに対して使われる形容詞。⑦ では progress を動詞として使っている (① では名詞として使っている)。⑦ の worry は名詞として「不安」や「心配」を表す。⑧ の I'm afraid はいやなこと、不安なことを表すときに使われる。例：私の夢は実現しないのではないかと思う。→I'm afraid my dream won't come true.

将来設立するとすればどんな会社を立ち上げたいですか。あな
たの考えを 60〜80 語程度の英語で答えなさい。

内容例 以下の内容に沿って答案を作成してみましょう。

(1) ロボット会社の立ち上げをテーマとする。

(2) そのロボットが寝たきり高齢者介護、車の運転などさまざまなことができ
る点に言及する。

(3) それらのロボットが人間並みの言語能力を持つ点にも言及する。

(4) 一人暮らしの高齢者がロボットと会話することで淋しさを解消できること
に触れる。

(5) 自社のロボットが人々をより幸福にし、生活をより便利にすると述べる。

作成した答案を以下の MODEL ANSWER と比較してみましょう。

MODEL ANSWER

① My dream is to set up a robot company. ② I'd like to make
robots capable of doing a variety of things such as nursing the
bed-ridden elderly people, cooking, driving, shopping and wash-
ing. ③ Those robots can talk like humans. ④ Elderly people
living by themselves will no longer be lonely if they can talk with
robots. ⑤ My company's robots will certainly make people hap-
pier, and make life more comfortable. (**68 words**)

MODEL ANSWER の対訳

① 私の夢はロボット会社を設立することです (☞例題 75 参照)。② 私が作りたい
のは、寝たきり高齢者の介護、料理、車の運転、買い物、洗濯などいろいろなこ
とができるロボットです。③ それらのロボットは人間と同じようにお話をするこ
とができます (☞例題 14 参照)。④ 一人暮らしの高齢者はロボットたちとお話が

できたらもう淋しさを感じることはなくなるでしょう。⑤ 私の会社のロボットは間違いなく人々をより幸福にし、生活をより快適なものにするでしょう（☞例題89参照）。

〈個別の英文について〉

② の capable of ~ は「~ができる」という意味で、able to *do* ~ が主語として人間をとるのに対して、capable of ~ は人やものを主語とすることができる。ここでは直前の robots が主語で、関係詞の which [that] are が省略された形。⑤ の make life more comfortable は make life easier でも可。

近年宇宙探査（space exploration）が盛んになってきましたが、宇宙探査のプラス面とマイナス面についてあなたの考えを80〜100語の英語で書きなさい。

内容例 以下の内容に沿って答案を作成してみましょう。

(1) プラス面として宇宙探査によって宇宙とは何かについてよりよく知ることができる点に言及。

(2) プラス面として生命の起源について発見がある可能性についても言及。

(3) マイナス面としてその宇宙探査にかかるコストに言及。

(4) 人間一人を火星に送るのにどれほど費用が掛かるかを例として挙げる。

(5) 費用が高すぎることが宇宙探査の欠点であることに言及して文章を締めくくる。

作成した答案を以下の MODEL ANSWER と比較してみましょう。

MODEL ANSWER

① What is good about space exploration is that it enables human beings to find out more about what the universe is. ② It may also make it possible for us to discover something very significant about the origin of life, which has been a great mystery since the study of it began. ③ One negative aspect of space exploration is its cost. ④ For example, it will cost billions of dollars to send a human to Mars. ⑤ In any case, space exploration is too expensive, which is undoubtedly a pain in the neck. **(90 words)**

MODEL ANSWER の対訳

① 宇宙探査のプラス面は人類が宇宙とは何かについてより多くのことを知ることを可能にするという点です（☞ 例題 70 参照）。② またそれによって研究が始まっ

て以来ずっと大きな謎であり続けている生命の起源について非常に重要な事柄を発見できるかもしれません（☞例題 70 参照）。③ 宇宙探査のマイナス面の一つはコストです。④ たとえば、一人の人間を火星に送るには数十億ドルのお金がかかるでしょう（☞例題 12 参照）。⑤ とにかく、宇宙探査はあまりにもお金がかかりすぎます、それが間違いなく頭痛の種です（☞例題 90 参照）。

MODEL ANSWER の要点

〈個別の英文について〉

① では enable を使った、いわゆる無生物主語構文になっている。例題 70 でも述べたが、「家」や「バッグ」などの具体的な物を目的語としてとる find と異なり、find out は目的語として抽象的な事柄、たとえば「宇宙の本質」、「なぜ宇宙は膨張しているのか」、「事件の真相」などをとる点に注意。② では enable の代わりに make it possible for ～ を使って英文構成の多様性を意図している。④ では不特定多数の表し方として、*billions* of dollars となっている点に注意。数百万ドルならば *millions* of dollars となるところ。⑤ では文修飾副詞として undoubtedly が使われている。a pain in the neck は慣用句的表現で、「頭の痛い問題」という意味。ここは a big problem などとしても可。

日本は世界最長寿国になっていますが長寿は重要なこと、良い
ことだと思いますか。あなたの考えを 100 語程度の英語で書き
なさい。

内容例 以下の内容に沿って答案を作成してみましょう。

(1) 長寿は良いことかもしれないが、必ずしも重要ではないという結論をはじ
めに書く。
(2) 大切なのは、長寿かどうかではなく自分らしい人生を生きることと言及。
(3) 100 歳まで生きても漫然と生きてはあまり意味がないという趣旨を書く。
(4) 目標を持ってその達成を目指すことが充実した人生になる点に言及。
(5) よく生きることがよく死ぬことにつながるので、その点を常に心に留めて
おくということの重要性に言及。

作成した答案を以下の MODEL ANSWER と比較してみましょう。

MODEL ANSWER

① Living long may be a good thing, but it's not necessarily an important thing. ② What is important is not whether you live long or not, but how you live your own life. ③ Living to, say, 100 may be a nice thing, but if you live aimlessly, doing nothing every day, your life will be meaningless, no matter how long you live. ④ By contrast, if you set a goal and try hard to achieve it, you'll be able to live a full life. ⑤ I believe "living well" leads to "dying well." ⑥ So I think that living well, not living long, is something you should bear in mind all the time. (109 words)

MODEL ANSWER の対訳

① 長生きは良いことかもしれませんが、必ずしも重要なことではありません。

② 大切なことは長生きするかどうかではなく、自分自身の人生をどう生きるかです（☞例題 52 参照）。③ たとえば 100 歳まで生きることは良いことかもしれませんが、目的もなく、日々何もせず過ごすとすれば、どれほど長生きしようとも、無意味な人生です（☞例題 57 参照）。④ 対照的に、ある目標を設定して、その目標を達成するために懸命に努力するとすれば、充実した人生を送ることができるでしょう。⑤ 私は「よく生きる」ことが「よく死ぬ」ことにつながると信じています。⑥ というわけで、長生きすることではなくよく生きることが常に心に留めておくべきことだと思います。

MODEL ANSWER の要点

〈個別の英文について〉

② では、後半の but how 以下で動詞 live が自動詞ではなく、live your own life という形で、目的語をとる他動詞として使われている点に注意。③ の say はここでは「言う」という意味ではなく、「たとえば」の意味で使われている。⑥ の bear in mind は「心に留めておく」という意味で remember とほぼ同じ意味で使われている。

これまでで最もうれしかったことを 60〜80 語の英語で書きなさい。

内容例 以下の内容に沿って答案を作成してみましょう。

(1) 高校 2 年の時の事件であることをまず書く。

(2) 「二人の友人と川の土手を歩いていたとき、幼い少年が川でおぼれているところを見た」

(3) 「その子は援助を求めていた」

(4) 「私たちは三人とも泳ぎはうまかった」

(5) 「私たちはすぐに川に飛び込んでその子を助けた」

(6) それがこれまでで一番うれしいことだったとまとめる。

作成した答案を以下の MODEL ANSWER と比較してみましょう。

MODEL ANSWER

① That happened when I was a second-year senior high school student. ② One day, I was walking along a riverbank with my friends Masato and Yoshio, when I saw a small boy drowning in the river. ③ He was shouting "Help! Help!" ④ Three of us were all good swimmers because we'd been in the same swimming club for three years. ⑤ We immediately jumped into the river and saved the boy. ⑥ That was the happiest moment of my life. (76 words)

MODEL ANSWER の対訳

① それは私が高校 2 年の時に起こりました。② ある日、私は川岸を雅人、義夫の二人の友達と歩いていました。その時、私は幼い少年が川でおぼれているところが見えました。③ その子は「助けて、助けて」と叫んでいました。④ 私たち三人は、3 年間同じスイミングクラブに所属していたので、みんな泳ぎは上手でし

た。⑤ 私たちはすぐに川に飛び込んでその少年を助けました。⑥ その時が私の人生で最もうれしい瞬間でした。

〈個別の英文について〉

② のカンマのあとの when は関係副詞の非制限用法で and then と同様の、「と、その時」という意味を表す。④ の Three of us の three と of us は同格関係で、「われわれ三人」という意味。類例: 福岡市 →City of Fukuoka。ここでの Three of us での three と us の関係は most of us での most と us のように、「われわれ」という全体集合の中の「ほとんど」という部分集合を表す文法関係ではない点に注意。

これまでで最も悲しかったことを 60〜80 語の英語で書きなさい。

内容例 以下の内容に沿って答案を作成してみましょう。

(1) 高校 1 年の時の事件であることをまず書く。

(2) 「親友の一人が交通事故で重傷を負って驚いた」

(3) 「親友は自転車に乗っていて交差点で車とぶつかった」

(4) 「親友はすぐ病院に運ばれて手術を受けた」

(5) 「結果は良いと聞いていたが三日後に亡くなった」

(6) それがこれまでで一番悲しいことだったとまとめる。

作成した答案を以下の MODEL ANSWER と比較してみましょう。

MODEL ANSWER

① That happened when I was a first-year senior high school student. ② One day, I was shocked to learn that one of my close friends Kenji was seriously injured in a traffic accident. ③ He was riding a bicycle, when he collided with a car at the crossing. ④ He was immediately taken to a hospital and had an operation. ⑤ I understood that the operation was successful, but three days later he died. ⑥ I'd never had such a sad experience. (77 words)

MODEL ANSWER の対訳

① それは私が高校 1 年の時に起こりました。② ある日、私は親友の一人である健二が交通事故で重傷を負ったと知って衝撃を受けました (☞例題 18 参照)。③ 健二は自転車に乗っていてその時交差点で乗用車と衝突したのでした。④ 彼はすぐに病院に運ばれて手術を受けました。⑤ 手術は成功したということだったのですが、3 日後に健二は亡くなりました。⑥ 私にとってあれほど悲しい経験は初めて

でした。

〈個別の英文について〉

② の英文で、「～と知って」は learn, find, hear などは使えるが、know は不可。
⑤ では understood の代わりに heard も可。⑥ では時制を間違えないこと。それ
までという過去の時間までの経験なので過去完了を使う必要がある。

近年日本に外国人観光客が増えてきましたが、そのことのプラス面とマイナス面についてあなたの考えを 80 語程度の英語で書きなさい。

内容例 以下の内容に沿って答案を作成してみましょう。

(1) プラス面としてわが国が経済的利益を得ることを述べる。

(2) それが社会にとって良いことだと述べる。

(3) 外国人観光客にとっては日本文化に触れることができることを述べる。

(4) それによって日本と日本人を知ることができる点に言及。

(5) マイナス面として、外国人観光客の一部のマナーの悪さ、それが地域住民にとっての問題となっている点に言及。

作成した答案を以下の MODEL ANSWER と比較してみましょう。

MODEL ANSWER

① We will get a lot of money from foreign tourists visiting our country. ② This is a good thing for the government and for Japanese society as a whole. ③ And those tourists from abroad will have many opportunities to experience Japanese culture. ④ This will help them to understand more about Japan and the Japanese people. ⑤ I think this is another good thing about foreign tourism. ⑥ One problem with the visitors from overseas, however, is that some of them are ill-mannered, which is a headache for the local people. (87 words)

MODEL ANSWER の対訳

① 我々はわが国を訪れる外国人観光客から多くのお金を得ます。② これは政府にとっても日本社会全体にとっても良いことです。③ そしてこれらの外国人観光客

は日本文化に触れる機会を多く持つことになります（☞例題 77 参照）。④ このことは彼らが日本と日本人についてより多くのことを理解するのに役立つでしょう（☞例題 72 参照）。⑤ 私はこれもまた外国人相手の観光産業の良い点だと思います。⑥ しかし、外国人観光客の困った点の一つは、彼らの中にはマナーの悪い者がいてそれが地域住民にとって悩みの種になっているということです（☞例題 90、91 参照）。

MODEL ANSWER の要点

〈個別の英文について〉

③ の英文で「文化に触れる」というところで誤って touch を使わないこと。④ では help を「役立つ」という意味で無生物主語構文で使われている点に注意。⑥ の関係代名詞 which は前文全体を先行詞とする用法であることに注意。また、⑥ での however の位置は文頭でも可だが、ここでの例のように主語のあとに挿入的に置くこともできる。

世界から戦争をなくすにはどうしたらいいと思いますか。あなたの考えを 100 語程度の英語で答えなさい。

内容例 以下の内容に沿って答案を作成してみましょう。

(1) まず人間が自分自身を変える必要があることを述べる。

(2) 人間の相互不信が社会不安や秩序の乱れの原因と述べる。

(3) 異なる文化・人種・宗教を認め、互いに尊敬し信頼するようにする必要があると述べる。

(4) その上で相互不信の象徴である核兵器を全廃すべきだと述べる。

(5) さらに通常兵器も全廃すべきだと述べる。

(6) それによってはじめて戦争をなくすことができるとまとめる。

作成した答案を以下の MODEL ANSWER と比較してみましょう。

MODEL ANSWER

① First of all, all of us living on this planet must change ourselves. ② I think that our mutual distrust is the biggest factor responsible for the unrest and disorder of the whole world. ③ We must stop rejecting different cultures, different races and different religions, and learn to respect and trust each other. ④ On top of that, we must have the courage to abolish nuclear weapons, which are the diabolical symbol of human weakness, that is, our mutual distrust. ⑤ Finally, we should go on to abolish all conventional weapons in the world. ⑥ Only then will we be able to make war a thing of the past. (105 words)

MODEL ANSWER の対訳

① まず第一にこの地球に住む我々すべてが我々自身を変えなくてはなりません。

② 私は人間同士の相互不信が世界全体の不安定と秩序の乱れの一番の要因だと考えます。③ 我々は異なる文化や、異なる人種や、異なる宗教を排斥することをやめてお互い同士を尊敬し、信頼することを学ばなければなりません（☞例題 34 参照）。④ その上で、人間の弱さ、すなわち人間の相互不信の悪魔的象徴である核兵器を廃絶する勇気を持たなければなりません。⑤ 最後に、我々はさらに進んで世界中の通常兵器も全廃しなければなりません。⑥ それができて初めて我々は戦争を過去のものとすることができるでしょう（☞例題 34 参照）。

MODEL ANSWER の要点

〈個別の英文について〉

② と ④ で使われている相互不信（mutual distrust）という表現を重要表現として使っている。⑥ で Only then will we ... のように倒置文が使われているのは、文頭に only のような強意の副詞が置かれているため。類例：彼が来るとは思ってもいなかった。→Little did I imagine that he would come.

現在ではわが国には多くの外国人労働者がいます。あなたは日本が外国人労働者を受け入れることについてどう思いますか。賛成か反対かを明確にして 80～100 語の英語で書きなさい。

内容例　以下の内容に沿って答案を作成してみましょう。

(1)　まず賛成であることを明示する。

(2)　その理由として日本の多くの会社が労働者と後継者不足に悩んでいることを挙げる。

(3)　少子化がこのまま進めば将来労働力がさらに減少すると述べる。

(4)　日本経済を保つためには外国人労働者を受け入れるほかはないと述べる。

(5)　さもないと世の中が不便になり、経済的に困窮する家庭が増えるとまとめる。

作成した答案を以下の MODEL ANSWER と比較してみましょう。

MODEL ANSWER

① I think Japan should accept more foreign workers. ② The reasons are clear. ③ It is reported that many Japanese companies are suffering from a serious shortage of workers and successors. ④ The number of Japanese children keeps decreasing, and this means that there will be fewer and fewer Japanese workers in the future. ⑤ If so, we have no choice but to get more workers from abroad in order to keep the Japanese economy going. ⑥ Otherwise, we will find life less easy, and more Japanese families will have financial difficulties, which is a nightmare for the whole nation. (95 words)

① 私は日本はもっと多くの外国人労働者を受け入れるべきだと考えます。② その理由は明らかです。③ 多くの日本の会社が労働者や後継者の深刻な不足に悩まされていると報告されています（☞例題 66 参照）。④ 日本では子供の数が減り続けており（☞例題 61 参照）、このことは将来日本人労働者はさらに減少していくということを意味します（☞例題 62 参照）。⑤ もしそうならば、日本経済を調子よく維持していくためには、より多くの外国人労働者を受け入れるしかありません（☞例題 22 参照）。⑥ さもなければ、生活はより困難になり、経済的に困窮する日本の家庭がさらに増えるでしょう（☞例題 19、65 参照）。それは日本の国全体にとって悪夢なのです（☞例題 90 参照）。

MODEL ANSWER の要点

〈個別の英文について〉

⑤ の have no choice but to *do* は「～するよりほかに選択の余地はない」という意味。keep ～ going は「（事業や制度などを）失敗のないように持続していく」という意味。⑥ の which は前文を先行詞とする関係代名詞の非制限用法。

索　引

※索引の見出し語はアルファベット順→五十音順に並んでいます。数字はページ数です。

●著者紹介／富岡　龍明（とみおか・たつあき）
1952年福岡生まれ。エディンバラ大学応用言語学科大学院博士課程修了。
元鹿児島大学教授。専攻は英語文体論。著書に『大学入試　英作文実践
講義』『英作文へのニューアプローチ』『論理思考を鍛える英文ライティ
ング』（以上、研究社）、『モデル英文からのライティング』（金星堂）、共
著に『英語のスタイル』（研究社）ほか。

KENKYUSHA
〈検印省略〉

だいがくにゅうし
大学入試
き そ　　　　　　　　えいさくぶんじっせんこう ぎ
基礎からの英作文実践講義
© Tatsuaki Tomioka 2021

2021年9月30日　初版発行

著　　　者　　富岡　龍明
発　行　者　　吉田　尚志
印　刷　所　　研究社印刷株式会社
装　　　丁　　寺澤　彰二

発　行　所　株式会社　研　究　社
https://www.kenkyusha.co.jp/
〒102-8152 東京都千代田区富士見 2-11-3
電話（営業）03（3288）7777（代）
　　（編集）03（3288）7711（代）
振替 00150-9-26710

ISBN 978-4-327-76494-4　C7082　　Printed in Japan
英文校閲　John Tremarco